浙江工商大学法学院资助

彭真民主法制思想研究与教育基金资助

U0569817

浙江工商大学长三角（先行）法治研究

长三角法治一体化发展报告

（2022年度）

周 珂 宋 杰 苏新建 主 编

牛 翔 高丽华 孙思嘉 副主编

浙江工商大学出版社

ZHEJIANG GONGSHANG UNIVERSITY PRESS

·杭州·

图书在版编目(CIP)数据

长三角法治一体化发展报告. 2022 年度 / 周珂，宋杰，苏新建主编；牛翔，高丽华，孙思嘉副主编. —杭州：浙江工商大学出版社，2023.6
ISBN 978-7-5178-5483-8

Ⅰ. ①长… Ⅱ. ①周… ②宋… ③苏… ④牛… ⑤高… ⑥孙… Ⅲ. ①长江三角洲－社会主义法治－建设－研究报告－2022 Ⅳ. ①D927.5

中国国家版本馆 CIP 数据核字(2023)第 090251 号

长三角法治一体化发展报告(2022 年度)
CHANGSANJIAO FAZHI YITIHUA FAZHAN BAOGAO (2022 NIANDU)

周 珂 宋 杰 苏新建 主编
牛 翔 高丽华 孙思嘉 副主编

出 品 人	郑英龙
策划编辑	沈 娴
责任编辑	费一琛
责任校对	夏湘娣
封面设计	朱嘉怡
责任印制	包建辉
出版发行	浙江工商大学出版社
	(杭州市教工路 198 号 邮政编码 310012)
	(E-mail:zjgsupress@163.com)
	(网址:http://www.zjgsupress.com)
	电话:0571-88904980,88831806(传真)
排 版	杭州朝曦图文设计有限公司
印 刷	杭州高腾印务有限公司
开 本	710mm×1000mm 1/16
印 张	9.25
字 数	114 千
版 印 次	2023 年 6 月第 1 版 2023 年 6 月第 1 次印刷
书 号	ISBN 978-7-5178-5483-8
定 价	68.00 元

编写说明

　　本报告为浙江工商大学长三角（先行）法治研究院专项研究课题"长三角法治一体化发展基础研究"的研究成果。本研究院于 2019 年 11 月由浙江工商大学和中国人民大学共同设立，旨在落实习近平总书记重要讲话重要指示精神和长三角区域一体化发展战略，为之提供有关的法治保障理论和实证支持。本报告以学术蓝皮书为研究范式，通过文献信息分析、实证调研和学术研讨等途径，总结长三角各年度法治发展进程，预测发展趋势，做出学术评价，为长三角法治实务和教学科研工作提供智力支持。本研究报告的目标定位是：充分体现长三角法治一体化的要求，推进长三角法治事业发展，成为长三角法治发展的重要历史文献和工具书。规模上属于中观、区域性层面的法治发展报告。本书为 2022 年度研究报告，与前两个年度报告相比，增加了长三角法治一体化发展中的法治教育与法学研究等相关内容，一些篇章有所细化。本研究课题组成员有：周珂、宋杰、苏新建、牛翔、竺效、杨东、徐澜波、徐祥民、汪锦军、李蓉、童列春、王惠、马齐林、豆星星、毛益民、张雅娟、何东、曹瑞芬、王蕾、徐媛媛、王云霞、高丽华、孙思嘉、孟婷钰、贺佐琪、丁霖、谷海霞、刘刚、万晓玲、王斐、杨帆、吴怡频、季若望、张伟、许春晖、胡骋、王锐、王普、赵冉、孙一涵、韩凌月、高雅、贾煜、顾晴怡、贾寅真、杨佳、周书悦。

浙江工商大学长三角（先行）法治研究院院长　周　珂

2023 年 3 月 7 日

目　录

2022年,在党的十九届六中全会精神和党的二十大精神指引下,长三角法治一体化建设稳步前行,并取得了积极进展。本年度报告旨在总结和回顾2022年度(资料选取自2021年10月—2022年12月)长三角法治发展状况、成效,分析存在的问题,对未来发展提出建议,重点围绕长三角一体化发展中对法治一体化的要求,包括立法一体化、执法一体化、司法一体化、法律监督和宣传教育一体化。

一、中央顶层设计与长三角法治一体化发展

中央顶层设计对长三角的法治发展具有引领和导向作用。2022年中央从多方位、多角度为长三角的法治一体化谋篇布局,指引和支持长三角法治建设朝着一体化、高质量方向发展。

(一)党的十九届六中全会对长三角法治一体化的推进

2021年11月11日,中国共产党第十九届中央委员会第六次全体会议通过的《中共中央关于党的百年奋斗重大成就和历史经验的决议》(以下简称《决议》)中提出,"我国经济发展进入新常态,已由高速增长阶段转向高质量发展阶段。""必须实现创新成为第一动力、协调成为内生特点、绿色成为普遍形态、开放成为必由之路、共享成为根本目的的高质量发展。"同时,《决议》强调在经济建设上,"党实施区域协

调发展战略，促进京津冀协同发展、长江经济带发展、粤港澳大湾区建设、长三角一体化发展……"因此"高质量"和"一体化"成为长三角经济发展的重要方向和奋斗目标。《决议》强调在全面依法治国上，"法治兴则国家兴，法治衰则国家乱；全面依法治国是中国特色社会主义的本质要求和重要保障，是国家治理的一场深刻革命"，"必须坚持中国特色社会主义法治道路，贯彻中国特色社会主义法治理论，坚持依法治国、依法执政、依法行政共同推进，坚持法治国家、法治政府、法治社会一体建设，全面增强全社会尊法学法守法用法意识和能力。"法治一体化也是长三角一体化的内在要求和重要保障。要实现长三角法治一体化发展，必须深入贯彻依法治国理念，将维护人民的根本利益落实到全面依法治国各领域全过程，保障和促进社会公平正义，要做到"努力让人民群众在每一项法律制度、每一个执法决定、每一宗司法案件中都感受到公平正义"。[①]

（二）党的二十大对长三角法治一体化的推进

2022 年 10 月 16 日，习近平总书记在中国共产党第二十次全国代表大会上的报告《高举中国特色社会主义伟大旗帜　为全面建设社会主义现代化国家而团结奋斗》中，继续强调"高质量发展是全面建设社会主义现代化国家的首要任务"。要"深入实施区域协调发展战略"，"推进京津冀协同发展、长江经济带发展、长三角一体化发展，推动黄河流域生态保护和高质量发展"。要"坚持走中国特色社会主义法治

---

① 《中共中央关于党的百年奋斗重大成就和历史经验的决议（全文）》，载中华人民共和国中央人民政府网，http://www.gov.cn/zhengce/2021－11/16/content_5651269.htm，2023 年 4 月 13 日最后访问。

道路,建设中国特色社会主义法治体系、建设社会主义法治国家,围绕保障和促进社会公平正义,坚持依法治国、依法执政、依法行政共同推进,坚持法治国家、法治政府、法治社会一体建设,全面推进科学立法、严格执法、公正司法、全民守法,全面推进国家各方面工作法治化"。[①]党中央要求长三角继续围绕"高质量""一体化"和"法治化"战略目标破解深层次体制机制障碍,不断实现更高水平的发展。在法治建设上,党的二十大报告明确提出:(1)完善以宪法为核心的中国特色社会主义法律体系。加强宪法实施和监督,维护宪法权威。要加强重点领域、新兴领域、涉外领域立法。推进科学立法、民主立法、依法立法。坚持科学决策、民主决策、依法决策。(2)扎实推进依法行政。转变政府职能,优化政府职责体系和组织结构。深化行政执法体制改革。强化行政执法监督机制和能力建设。(3)严格公正司法。深化司法体制综合配套改革,全面准确落实司法责任制。规范司法权力运行。强化对司法活动的制约监督。(4)加快建设法治社会。建设覆盖城乡的现代公共法律服务体系,深入开展法治宣传教育,增强全民法治观念。发挥领导干部示范带头作用。上述精神为长三角法治一体化建设提出了新的要求,进一步指明了发展方向。

(三)优化营商环境

2022 年 10 月 8 日,为深入落实《长江三角洲区域一体化发展规划纲要》《优化营商环境条例》,打造长三角国际一流营商环境,更大激发

---

① 《习近平:高举中国特色社会主义伟大旗帜 为全面建设社会主义现代化国家而奋斗——在中国共产党第二十次全国代表大会上的报告》,载中华人民共和国中央人民政府网,http://www.gov.cn/xinwen/2022－10/25/content_5721685.htm,2023 年 4 月 13 日最后访问。

市场主体活力和发展内生动力,推动长三角更高质量一体化发展,国家发展和改革委员会印发了《国家发展改革委关于印发长三角国际一流营商环境建设三年行动方案的通知》(发改法规〔2022〕1562号)。目标是到2025年,实现长三角区域资源要素有序自由流动,行政壁垒逐步消除,统一开放的市场体系基本建立。与国际高标准市场规则体系全面对接,协同开放达到更高水平。贸易投资和政务服务更加便利,制度性交易成本明显降低,市场主体活跃度和发展质量显著提高,政府治理效能全面提升。区域发展整体水平和效率进一步提升,市场化、法治化、国际化的一流营商环境率先建成,营商环境国际竞争力跃居世界前列。[①]

(四)启动"东数西算"工程

2022年2月,国家发展和改革委员会、中共中央网络安全和信息化委员会办公室、工业和信息化部、国家能源局联合印发通知,同意在京津冀、长三角、粤港澳大湾区、成渝,以及内蒙古、贵州、甘肃、宁夏等8地启动建设国家算力枢纽节点,并规划了10个国家数据中心集群,正式启动"东数西算"工程,构建全国一体化大数据中心协同创新体系。[②] 2022年2月7日,长三角地区启动建设全国一体化算力网络国家枢纽节点(以下简称长三角枢纽)。长三角枢纽规划设立长三角生态绿色一体化发

---

① 《国家发展改革委关于印发长三角国际一流营商环境建设三年行动方案的通知》,载中华人民共和国国家发展和改革委员会网,https://www.ndrc.gov.cn/xxgk/zcfb/tz/202211/t20221110_1341090.html?code=&state=123,2023年4月13日最后访问。

② 《国家发展改革委高技术司牵头"东数西算"工程进展情况(2022年8月)》,载中华人民共和国国家发展和改革委员会网,https://www.ndrc.gov.cn/fzggw/jgsj/gjss/sjdt/202209/t20220923_1336061.html?code=&state=123,2023年4月13日最后访问。

展示范区数据中心集群和芜湖数据中心集群。其中,长三角生态绿色一体化发展示范区数据中心集群起步区为上海市青浦区、江苏省苏州市吴江区、浙江省嘉兴市嘉善县,芜湖数据中心集群起步区为芜湖市的鸠江区、弋江区、无为市。围绕 2 个数据中心集群,抓紧优化算力布局,积极承接长三角中心城市实时性算力需求,引导温冷业务向西部迁移,构建长三角地区算力资源"一体协同、辐射全域"的发展格局。①

(五)区域公共资源交易一体化发展

2022 年 3 月 8 日,国家发展和改革委员会印发了《国家发展改革委关于推动长江三角洲区域公共资源交易一体化发展的意见》(发改法规〔2022〕355 号),目标是到 2025 年,长三角区域一体化的公共资源交易市场基本形成,跨省远程异地评标常态化实施,CA 数字证书实现全国互认,布局合理、分工明确、优势互补的公共资源交易平台体系更加健全,跨区域交易更加活跃,长三角区域公共资源交易一体化发展对其他地区的示范带动作用明显发挥。②

(六)长三角科技创新共同体建设和高质量发展示范点建设

2022 年 7 月 24 日,《科技部、上海市人民政府、江苏省人民政府、

---

① 《国家发展改革委等部门关于同意长三角地区启动建设全国一体化算力网络国家枢纽节点的复函》,载中华人民共和国国家发展和改革委员会网,https://www.ndrc.gov.cn/xxgk/zcfb/tz/202202/t20220216_1315623.html? code=&state=123,2023 年 4 月 13 日最后访问。

② 《国家发展改革委关于推动长江三角洲区域公共资源交易一体化发展的意见》,载中华人民共和国中央人民政府网,http://www.gov.cn/zhengce/zhengceku/2022-03/19/content_5679856.htm,2023 年 4 月 13 日最后访问。

浙江省人民政府、安徽省人民政府关于印发〈长三角科技创新共同体联合攻关合作机制〉的通知》(国科发规〔2022〕201 号)旨在以"科创＋产业"为引领,聚焦国家重大创新需求,联合突破一批关键核心技术,推动重点产业链关键核心技术自主可控;联合构建跨学科、跨领域、跨区域的若干创新联合体,实现项目、人才、基地、资金一体化配置,促进产业基础高级化和产业链现代化;探索建立跨区域协同创新的合作机制,形成一批可复制、可推广的经验,推动长三角区域成为以科技创新驱动高质量发展的强劲动力源。①

早在 2020 年 12 月 20 日,为贯彻落实党中央、国务院印发的《长江三角洲区域一体化发展规划纲要》,持续有序推进长三角科技创新共同体建设,科学技术部会同有关部门共同编制了《长三角科技创新共同体建设发展规划》。② 2021 年 5 月,长三角科技创新共同体建设办公室成立,该办公室致力于在规划制定、联合攻关、国际合作、专家共享、成果转化等方面推动区域协商,为推进长三角区域高质量一体化发展提供创新动力。

2022 年 1 月 12 日,科学技术部印发《科技部关于支持安徽省建设合芜蚌国家科技成果转移转化示范区的函》(国科函区〔2021〕212号),提出示范区要探索具有地方特色的科技成果转化机制和模式,推

---

① 《科技部、上海市人民政府、江苏省人民政府、浙江省人民政府、安徽省人民政府关于印发〈长三角科技创新共同体联合攻关合作机制〉的通知》,载北大法宝网,https://www.pkulaw.com/chl/6b965f3920d3a5d7bdfb.html? keyword＝％E9％95％BF％E4％B8％89％E8％A7％92％20&way＝listView,2023 年 4 月 13 日最后访问。

② 《科技部关于印发〈长三角科技创新共同体建设发展规划〉的通知》,载北大法宝网,https://www.pkulaw.com/chl/aae5cb860d465b40bdfb.html? keyword＝％E3％80％8A％E9％95％BF％E4％B8％89％E8％A7％92％E7％A7％91％E6％8A％80％E5％88％9B％E6％96％B0％E5％85％B1％E5％90％8C％E4％BD％93％E5％BB％BA％E8％AE％BE％E5％8F％91％E5％B1％95％E8％A7％84％E5％88％92％E3％80％8B&way＝listView,2023 年 4 月 13 日最后访问。

动重大创新成果转移转化,构建协同开放共享的成果转移转化格局,推动科技创新和经济社会发展深度融合,为实现科技自立自强和决胜迈进创新型国家发挥积极作用。到 2025 年,要努力建成安徽省创新发展的新引擎、长三角协同发展的重要支撑区、全国科技成果转移转化的示范样板。

2022 年 9 月 29 日,《国家发展改革委关于印发〈新发展阶段浙江嘉善县域高质量发展示范点建设方案〉的通知》(发改地区〔2022〕1529 号),支持浙江省嘉善县聚焦提高县域完整、准确、全面贯彻新发展理念的能力和水平,切实转变发展方式,推动质量变革、效率变革、动力变革,打造县域高质量发展的典范。这对于示范引领全国县域高质量发展、服务融入新发展格局、助力全面建设社会主义现代化国家具有重要意义。[①]

(七)建设共同富裕示范区

党的十九届六中全会《中共中央关于党的百年奋斗重大成就和历史经验的决议》强调推动人的全面发展、全体人民共同富裕取得更为明显的实质性进展。2021 年 6 月,中共中央国务院决定选择浙江省作为建设我国首个高质量发展建设共同富裕示范区,致力于 2025 年率先做到在共同富裕方面取得实质性的进展。

2022 年 1 月 25 日,《科技部 浙江省人民政府关于印发〈推动高质量发展建设共同富裕示范区科技创新行动方案〉的通知》(国科发区〔2022〕13 号)中表明,要充分发挥科技创新在推动高质量发展、加快

---

① 《国家发展改革委关于印发〈新发展阶段浙江嘉善县域高质量发展示范点建设方案〉的通知》,载中华人民共和国国家发展和改革委员会网,https://www.ndrc.gov.cn/xxgk/zcfb/tz/202211/t20221101_1340661.html? code=&state=123,2023 年 4 月 13 日最后访问。

现代化建设进程、满足人民高品质生活需要中的重要战略支撑作用,率先突破发展不平衡不充分问题。[①]

2022年5月7日,最高人民检察院制发《关于支持和服务保障浙江高质量发展建设共同富裕示范区的意见》,就认真贯彻落实《中共中央、国务院关于支持浙江高质量发展建设共同富裕示范区的意见》《中共中央关于加强新时代检察机关法律监督工作的意见》,充分发挥检察职能,支持和服务保障浙江省高质量发展建设共同富裕示范区提出21条具体措施。[②]

(八)城市建设

2022年6月21日,经国务院批复同意,国家发展和改革委员会印发《"十四五"新型城镇化实施方案》,提出优化提升类城市群,深入实施京津冀协同发展、长三角一体化发展、粤港澳大湾区建设等区域重大战略,加快打造世界一流城市群。[③] 2022年11月14日,《国家发展改革委等部门关于加强县级地区生活垃圾焚烧处理设施建设的指导意见》(发改环资〔2022〕1746号)提出,到2025年,全国县级地区基本形成与经济社会发展相适应的生活垃圾分类和处理体系,京津冀及周

---

① 《科技部 浙江省人民政府关于印发〈推动高质量发展建设共同富裕示范区科技创新行动方案〉的通知》,载中华人民共和国科学技术部网,https://www.most.gov.cn/xxgk/xinxifenlei/fdzdgknr/fgzc/gfxwj/gfxwj2022/202201/t20220125_179168.html,2023年4月13日最后访问。

② 《最高检出台支持和服务保障浙江高质量发展建设共同富裕示范区21条意见》,载中华人民共和国最高人民检察院网,https://www.spp.gov.cn/xwfbh/wsfbt/202205/t20220507_556283.shtml,2023年4月13日最后访问。

③ 《〈"十四五"新型城镇化实施方案〉系列专家解读之三|优化城镇化空间布局和形态 推动"十四五"新型城镇化高质量发展》,载中华人民共和国国家发展和改革委员会网,https://www.ndrc.gov.cn/fggz/fgzy/xmtjd/202207/t20220718_1330878.html? code=&state=123,2023年4月13日最后访问。

边、长三角、粤港澳大湾区、国家生态文明试验区具备条件的县级地区基本实现生活垃圾焚烧处理能力全覆盖。[①] 2022 年 4 月 24 日,为落实《中共中央　国务院关于深入打好污染防治攻坚战的意见》和《"十四五"时期"无废城市"建设工作方案》,生态环境部会同有关部门,根据各省推荐情况,综合考虑城市基础条件、工作积极性和国家相关重大战略安排等因素,确定了"十四五"时期开展"无废城市"建设的城市名单,将长三角 32 个市(区)纳入"十四五"时期"无废城市"建设名单。2022 年 12 月 15 日,国家发展和改革委员会国民经济综合司印发《"十四五"扩大内需战略实施方案》,要求加快交通基础设施建设,推动打造京津冀、长三角、粤港澳大湾区、成渝世界级机场群;发挥水运比较优势,在津冀沿海、长三角、粤港澳大湾区推动构建世界级港口群。[②]

(九)长江保护修复攻坚战行动

2022 年 8 月 31 日,生态环境部、国家发展和改革委员会等 17 个部门和单位联合印发《深入打好长江保护修复攻坚战行动方案》,要求强化长三角区域协同推进,加快落实《长江三角洲区域生态环境共同保护规划》,持续推进长三角生态绿色一体化发展示范区生态环境标准、监测和执法"三统一"制度创新。依托"一网统管"平台,完善长江水环境质量的信息化监测预警体系。进一步完善长江保护统筹协调

---

① 《国家发展改革委有关负责同志就〈关于加强县级地区生活垃圾焚烧处理设施建设的指导意见〉答记者问》,载中华人民共和国国家发展和改革委员会网,https://www.ndrc.gov.cn/xxgk/jd/jd/202211/t20221128_1342383.html? code＝&state＝123,2023 年 4 月 13 日最后访问。

② 《"十四五"扩大内需战略实施方案》,载中华人民共和国国家发展和改革委员会网,https://www.ndrc.gov.cn/xxgk/zcfb/tz/202212/t20221215_1343551.html? code＝&state＝123,2023 年 4 月 13 日最后访问。

工作机制,优化长江保护部门联合执法方式。进一步完善各级政府和相关部门生态环境保护和修复目标完成等情况的考核机制,推动各级河长、湖长治水管水责任落实到位。加大对《中华人民共和国长江保护法》及相关法律制度的宣传和实施力度。[①] 早在2018年12月31日,生态环境部、国家发展和改革委员会印发了《关于印发〈长江保护修复攻坚战行动计划〉的通知》(环水体〔2018〕181号),要求把修复长江生态环境摆在压倒性位置,共抓大保护、不搞大开发。2021年11月,《中共中央 国务院关于深入打好污染防治攻坚战的意见》明确把长江保护修复列入八大标志性战役,要求持续打好长江保护修复攻坚战。为此,生态环境部联合相关部门,在充分衔接《长江保护修复攻坚战行动计划》《中华人民共和国长江保护法》《中共中央 国务院关于深入打好污染防治攻坚战的意见》《"十四五"长江经济带发展实施方案》的基础上印发了《深入打好长江保护修复攻坚战行动方案》。[②]

(十)推动跨界水体共保共治

2022年1月29日,生态环境部、国家发展和改革委员会等7个部门联合印发《重点海域综合治理攻坚战行动方案》,将长江口—杭州湾作为重点方向,推进长江口—杭州湾污染防治攻坚战。2022年6月23日,经国务院同意,国家发展和改革委员会联合自然资源部、生态环境

---

① 《长江攻坚战行动方案·专家解读⑩|持续推动区域协作和系统治理 更深更实打好长江保护修复攻坚战》,载中华人民共和国生态环境部网,https://www.mee.gov.cn/zcwj/zcjd/202211/t20221110_1004419.shtml,2023年4月13日最后访问。

② 《生态环境部有关负责人就〈深入打好长江保护修复攻坚战行动方案〉答记者问》,载中华人民共和国生态环境部网,https://www.mee.gov.cn/ywdt/zbft/202209/t20220919_994360.shtml,2023年4月13日最后访问。

部、住房和城乡建设部、水利部、农业农村部印发《太湖流域水环境综合治理总体方案(2021—2035年)》，系统地提出新时代推进太湖保护治理的思路目标和任务举措，是今后一段时期治理太湖的行动纲领。[①] 2022年1月17日，《国家发展改革委 生态环境部 水利部关于推动建立太湖流域生态保护补偿机制的指导意见》(发改振兴〔2022〕101号)要求加快改善太湖流域水环境，构建太湖流域生态治理一体化格局。[②]早在2021年6月1日，水利部会同国家发展和改革委员会、生态环境部赴太湖流域实地调研，研究形成《完善太湖治理协调机制工作方案》，将太湖流域水环境综合治理省部际联席会议制度纳入推动长三角一体化发展工作机制，并在太湖流域水环境综合治理省部际联席会议制度下设立太湖流域调度协调组；并指导支持沪、苏、浙、皖三省一市联合签署《长三角跨省突发水污染实践联防联控合作协议》。[③]

(十一)推进区域减污降碳协同创新

2022年6月，生态环境部印发《国家重大战略和区域战略生态环境保护2022年工作要点》，在长三角区域积极推进减污降碳协同增效工作。2022年6月7日，生态环境部联合发展和改革委员会等17个

---

① 《〈太湖流域水环境综合治理总体方案〉解读|深入贯彻习近平生态文明思想 持续打造新时代全国湖泊治理标杆》，载中华人民共和国国家发展和改革委员会网，https://www.ndrc.gov.cn/fggz/fgzy/xmtjd/202207/t20220706_1330155.html?code=&state=123，2023年4月13日最后访问。
② 《国家发展改革委 生态环境部 水利部关于推动建立太湖流域生态保护补偿机制的指导意见》，载中华人民共和国生态环境部网，https://www.mee.gov.cn/xxgk2018/xxgk/xxgk10/202202/t20220210_968942.html，2023年4月13日最后访问。
③ 《区域重大战略生态环境保护⑤·长三角一体化发展篇》，载中华人民共和国生态环境部网，https://www.mee.gov.cn/ywgz/zcghtjdd/sthjzc/202211/t20221121_1005506.shtml，2023年4月13日最后访问。

部门印发了《关于印发〈国家适应气候变化战略 2035〉的通知》(环气候〔2022〕41 号)①,实施积极应对气候变化的国家战略,扎实开展碳达峰、碳中和工作。2022 年 9 月,生态环境部发文支持浙江省开展减污降碳协同创新区建设,推动在多层面、多领域实现减污降碳协同增效,并印发《碳监测评估试点工作方案》,选取上海市、杭州市等城市开展城市温室气体及海洋碳汇监测试点。② 2022 年 7 月 5 日,国家发展和改革委员会下达污染治理和节能减碳专项(节能减碳方向)2022 年第二批中央预算内投资计划,支持各地重点领域和行业节能减碳改造、低碳零碳负碳、节能低碳技术创新示范、资源再生减碳等项目建设。本批投资计划坚持"一钱多用",在充分兼顾地区间平衡的基础上,积极服务和支持重大区域发展战略建设,重点向京津冀、长江经济带、粤港澳大湾区、长三角、黄河流域等重点区域倾斜。③ 2022 年 6 月 24 日,科学技术部、国家发展和改革委员会、工业和信息化部、生态环境部、住房和城乡建设部、交通运输部、中国科学院、中国工程院、国家能源局共同研究制定了《科技支撑碳达峰碳中和实施方案(2022—2030 年)》。

(十二)长三角一体化发展方向专项资金

2022 年 9 月 14 日,《财政部关于下达 2022 年重大区域发展战略建

---

① 《关于印发〈国家适应气候变化战略 2035〉的通知》,载中华人民共和国生态环境部网,https://www.mee.gov.cn/xxgk2018/xxgk/xxgk03/202206/t20220613_985261.html,2023 年 4 月 13 日最后访问。

② 《区域重大战略生态环境保护⑤·长三角一体化发展篇》,载中华人民共和国生态环境部网,https://www.mee.gov.cn/ywgz/zcghtjdd/sthjzc/202211/t20221121_1005506.shtml,2023 年 4 月 13 日最后访问。

③ 《国家发展改革委下达污染治理和节能减碳专项(节能减碳方向)2022 年第二批中央预算内投资计划》,载中华人民共和国国家发展和改革委员会网,https://www.ndrc.gov.cn/fzggw/jgsj/hzs/sjdt/202207/t20220725_1331313.html?code=&state=123,2023 年 4 月 13 日最后访问。

设(长三角一体化发展方向)中央基建投资预算的通知》(财建〔2022〕315号)显示,该资金将专项用于长三角一体化发展重大区域发展战略建设。

2022 年 7 月 12 日,中国农业发展银行印发《关于服务稳住经济大盘支持长三角一体化高质量发展有关措施的通知》,对长三角三省一市分行实施差异化信贷支持,聚焦重点加快信贷投放,全力以赴守住"三农"基本盘,服务稳住经济大盘。这是中国农业发展银行继 2021年 7 月出台《关于支持长三角一体化高质量发展的实施意见》之后的又一份关于支持长三角一体化高质量发展的文件。①

(十三)革命老区重点城市对口合作工作

2022 年 5 月,国家发展和改革委员会印发《革命老区重点城市对口合作工作方案》,推动 20 个革命老区重点城市与发达地区部分城市建立对口合作关系,明确了对口合作的重点任务,对口合作工作期限为 2022 年至 2030 年。这是实现先富帮后富、最终实现共同富裕目标的重大举措,是解决区域发展不平衡不协调问题的"中国方案",也是中国特色社会主义制度优势的具体体现。②

(十四)建设科创金融改革试验区

2022 年 11 月 21 日,中国人民银行、国家发展和改革委员会、科学

① 《【金融时报】金融时报农发行多措并举全力支持 长三角一体化高质量发展》,载中国农业发展银行网,http://www.adbc.com.cn/n5/n17/c45259/content.html,2023 年 4 月 13 日最后访问。
② 《互利共赢 革命老区重点城市对口合作进展顺利》,载中华人民共和国国家发展和改革委员会网,https://www.ndrc.gov.cn/fggz/dqzx/gglqzxfz/202301/t20230103_1345951.html? code=&state=123,2023 年 4 月 13 日最后访问。

技术部、工业和信息化部、财政部、银保监会、证监会、外汇局印发《上海市、南京市、杭州市、合肥市、嘉兴市建设科创金融改革试验区总体方案》,着眼金融、科技和产业良性循环与互动,紧扣科技高水平供给和区域高质量发展,以金融支持长三角协同创新体系建设,加快构建广渠道、多层次、全覆盖、可持续的科创金融服务体系为主线,从健全科创金融机构组织体系、推动科创金融产品创新、充分利用多层次资本市场体系、推进科技赋能金融、夯实科创金融基础、扎实推进金融风险防控6个方面提出19项具体政策措施。该方案的出台,有利于进一步协同推进原始创新、技术创新和产业创新,推动形成金融供给和需求结构平衡、金融风险有效防范的良好生态,打造科技创新和制造业研发生产新高地。①

(十五)生态和文化旅游

2022年7月5日,发展和改革委员会会同文化和旅游部、浙江省、安徽省印发了《杭黄世界级自然生态和文化旅游廊道建设方案》。该方案将全面推进杭黄世界级自然生态和文化旅游廊道建设,促进"新安江—富春江—钱塘江"自然生态和历史文化长廊资源整合,更好地推进区域生态文明和文化旅游高质量发展。②

---

① 《重磅!合肥科创金融改革试验区正式获批!》,载安徽省地方金融监督管理局网,http://ahjr.ah.gov.cn/xwzx/rdhy/8740848.html,2023年4月13日最后访问。

② 《〈杭黄世界级自然生态和文化旅游廊道建设方案〉印发实施》,载中华人民共和国国家发展和改革委员会网,https://www.ndrc.gov.cn/fzggw/jgsj/shs/sjdt/202207/t20220705_1330072.html?code=&state=123,2023年4月13日最后访问。

二、区域内合(协)作机制与长三角
法治一体化发展

(一)区域合(协)作探索：经济领域

1.保障产业链供应链安全畅通

2022年4月30日，上海海关与南京海关、杭州海关、宁波海关、合肥海关共同出台《关于保障长三角地区产业链供应链安全畅通的联合通告》，要求建立长三角海关保通保畅协调工作机制、加速上海口岸货物报关和提离、建立重点企业重点物资通关绿色通道、加速长三角地区进出境货物跨关区流转、搭建长三角关企信息互通平台，全力保障长三角地区产业链供应链安全畅通，最大限度地减少新冠肺炎疫情对经济社会发展的影响。此外，统筹长三角地区产业链供应链重点企业名单，实现"白名单"企业无关互认，建立统一的绿色通道，实现通关手续从快从简。①

---

① 《关于保障长三角地区产业链供应链安全畅通的联合通告》，载中华人民共和国海关总署办公厅百度官方账号，https://baijiahao.baidu.com/s? id=1731548270641300325&wfr=spider&for=pc,2023年4月13日最后访问。

2022 年 4 月,沪、苏、浙、皖三省一市工信主管部门共同商定《长三角产业链补链固链强链行动 2022 年工作要点》,三省一市将分别牵头开展民用航空、物联网、数字安防、智能语音 4 条产业链协同研究工作;加强上海集成电路、张江生物医药、无锡物联网、南京软件和信息服务、杭州数字安防和合肥智能语音等集群融合发展。此外,还将完善提升长三角疫情联防联控和产业链供应链重大问题协调互助机制,保障长三角产业链供应链循环畅通和安全稳定。①

2022 年 4 月 18 日,在国家联防联控机制大力推动下,浙江省、江苏省、上海市全力协同,长三角重要物资应急保供中转站(浙江—上海)正式投运。中转站将推动省际重要生产物资进站流通,打通长三角区域货运"血管",实现产业链供应链物资跨区域互联。目前,首批中转站共 6 个(已建成 4 个),其中上海市 2 个已建成,分别位于嘉定区、闵行区;浙江省 2 个已建成,分别位于杭州市、宁波市;江苏省 2 个在建中。今后,长三角重要物资应急保供中转站将持续作为长三角双向运输通道通畅的重要枢纽,"以点带链"保障长三角产业链供应链货运通畅,为区域经济社会发展做出贡献。②

2022 年 5 月 10 日,海关总署印发《海关总署关于促进外贸保稳提质的十条措施的通知》,要求保障重点区域产业链供应链循环畅通。进一步优化长三角等重点地区水路物流海关监管模式,支持扩大"离港确认"等模式试点范围,不断提高水路物流效率。2022 年 5 月 18 日,在全力推动海关总署促进外贸保稳提质的 10 条措施高效落地基础上,上海

---

① 《沪苏浙皖联合开展产业链补链固链强链行动》,载宿州市经济和信息化局网,https://eic.ahsz.gov.cn/xwzx/jxyw/snjxyw/193056061.html,2023 年 4 月 13 日最后访问。

② 《"长三角重要物资应急保供中转站"完成首次货运交接》,载中华人民共和国中央人民政府网,http://www.gov.cn/xinwen/2022-04/20/content_5686193.htm,2023 年 4 月 13 日最后访问。

海关结合上海市实际,发布了《上海海关支持企业扩大复工复产　保障产业链供应链安全稳定 12 条措施》,从畅通口岸、助企纾困、产业稳链、区域协同 4 个维度持续优化制度供给,用硬招、实招缓解上海市及周边地区疏港压力,赋能重点产业发展和供应链畅通。[①] 2022 年 4 月 26 日,浙江省人民政府办公厅印发《关于进一步减负纾困助力中小微企业发展的若干意见》,从加大国家减税政策、加大用工稳岗支持力度、加大防疫支持力度、加大融资服务力度加大稳企支持力度等角度持续稳定市场预期,助力中小微企业发展。[②]

2022 年 5 月,为应对疫情防控对外贸产生的不利影响,沪、苏、浙、皖三省一市建立长三角地区产业链供应链重点企业"白名单"五关互认机制,对纳入各地方政府确定的"白名单"企业,由五地海关共同给予通关便利,支持"以点带链""以链带面",持续巩固区域产业集群优势。[③]

2. 结对合作帮扶

2022 年 5 月 16 日至 17 日,安徽省蚌埠市禹会区党政代表团赴浙江省宁波市慈溪市开展考察交流活动,双方签订了《落实甬蚌结对合作帮扶工作合作框架协议》,标志着两地正式"牵手",今后会围绕实现产业共链、突出园区共建、加强创新合作、推进商贸发展、深化交流互信、推动资本合作、实现民生共享等方面内容开展合作。根据框架协

---

① 《上海海关发布支持企业扩大复工复产　保障产业链供应链安全稳定 12 条措施(附热点问答)》,载上海市核电办公室门户网,https://www.smnpo.cn/tpxw/1662090.htm,2023 年 4 月 13 日最后访问。

② 《省政府办公厅印发〈关于进一步减负纾困助力中小微企业发展的若干意见〉》,载浙江省民营经济研究中心网,http://www.myjjzx.cn/cj/view.php? aid=528,2023 年 4 月 13 日最后访问。

③ 《多项指标显示长三角经济逐步回稳、加快复苏》,载中华人民共和国中央人民政府网,http://www.gov.cn/xinwen/2022-06/28/content_5698213.htm,2023 年 4 月 13 日最后访问。

议,双方将在一系列内容上进行"深度"合作。①

2022 年 6 月 17 日,安徽省六安市人民政府与上海市人民政府合作交流办举行对口合作视频会。会上,双方就对口合作工作达成一系列共识。上海市与安徽省六安市建立对口合作关系,是双方实现更加紧密双向交流合作的重要契机。两地将围绕《革命老区重点城市对口合作工作方案》明确的对口合作重点任务,展开具体的、有效的、务实的合作,集中一切力量推动合作进程,力争两市对口合作结出丰硕成果,实现优势互补、互惠互利、共谋发展。②

2022 年 6 月 11 日,2022 南京都市圈党政联席会议在江苏省南京市召开,南京都市圈成员城市芜湖市、马鞍山市、滁州市、宣城市参加会议。会上签订了《江苏省南京市安徽省滁州市结对合作帮扶协议》。③

3. 区域合作开发

2022 年 6 月 15 日,上海市人民政府与浙江省人民政府以视频连线的方式正式签署《进一步深化小洋山区域合作开发框架协议》。早在 2017 年 7 月,沪、浙两地政府签署《关于深化推进小洋山合作开发的备忘录》,明确小洋山北侧由上海国际港务(集团)股份有限公司与浙江省海港投资运营集团有限公司共同组建开发公司,实现战略合作。2019 年 2 月,上海国际港务(集团)股份有限公司与浙江省海港投资运营集团有限公司签署了《小洋山港区综合开发合作协议》。上海

---

① 《禹会区与宁波市慈溪市开展结对合作》,载安徽省发展和改革委员会网,https://fzggw.ah.gov.cn/jgsz/jgcs/zsjqyythfzc/wgqklj/146667641.html,2023 年 4 月 13 日最后访问。

② 《六安市与上海市合作交流办举行结对合作"云座谈"》,载安徽省发展和改革委员会网,https://fzggw.ah.gov.cn/jgsz/jgcs/zsjqyythfzc/wgqklj/146731171.html,2023 年 4 月 13 日最后访问。

③ 《2022 南京都市圈党政联席会议在宁召开》,载中华人民共和国国家发展和改革委员会网,https://www.ndrc.gov.cn/xwdt/ztzl/cjsjyth1/xwzx/202207/t20220703_1330017.html,2023 年 4 月 13 日最后访问。

国际港务(集团)股份有限公司和浙江省海港投资运营集团有限公司明确,将通过股权合作,共同推进小洋山综合开发。接下来,沪、浙双方将进一步深化小洋山区域共商共建、全面合作,坚持"四个不变""三个统一",强化合作开发协同推进机制,全力确保小洋山北作业区项目年内尽早开工,为深化建设上海国际航运中心、共同打造辐射全球的航运枢纽提供有力支撑,更好地服务长三角一体化发展国家战略。①

2022年9月28日,上海市人民政府、江苏省人民政府、浙江省人民政府联合编制并印发了《上海大都市圈空间协同规划》。这是沪、苏、浙两省一市深入落实长三角一体化发展国家战略的纲领性文件,也是全国首个跨区域、协商性的国土空间规划,规划范围包括上海市,以及无锡市、常州市、苏州市、南通市、宁波市、湖州市、嘉兴市、舟山市在内的"1+8"市域行政区域。②

2022年11月28日,安徽自贸试验区芜湖片区与浙江自贸试验区舟山片区签订战略合作协议。根据协议,双方将在联动开展制度创新、共筑产业协作平台、合作共建综合保税区、打造江海联运枢纽等方面开展深入合作。双方本着"市场互助共建、资源互补共享、发展互利共赢"的原则,充分发挥各自优势,开展全方位、深层次的战略合作,着力推动产业发展协同化、跨区域市场一体化。③

2022年11月23日,苏州市、无锡市协同发展签约仪式在苏州市举行。签约仪式上,两市签署《苏州无锡协同发展战略合作协议》,苏

---

① 《确保年内尽早开工! 沪浙签署小洋山区域合作开发框架协议》,载浙江省人民政府网,https://www.zj.gov.cn/art/2022/6/16/art_1229278448_59712723.html,2023年4月13日最后访问。
② 《〈上海大都市圈空间协同规划〉公开发布》,载宁波市人民政府网,http://www.ningbo.gov.cn/art/2022/9/28/art_1229099763_59433316.html,2023年4月13日最后访问。
③ 《安徽自贸试验区芜湖片区与浙江自贸试验区舟山片区签署战略合作协议》,载安徽省发展和改革委员会网,https://fzggw.ah.gov.cn/jgsz/jgcs/zsjqyythfzc/wgqklj/147333281.html,2023年4月13日最后访问。

州市相城区还与无锡市锡山区签署《"漕湖—鹅真荡"生态绿色一体化协同发展示范区合作框架协议》。未来,苏州市、无锡市将聚焦生态环境联保共治、产业创新集群共建、基础设施互通共融、公共服务一体共享、文旅融合多彩共促,合作实施苏锡太湖通道建设、苏南国际机场枢纽能力提升、"轨道上的苏锡"建设等六大战略性合作工程,共建人和自然和谐相处的太湖世界级魅力湖区、科创产业融合发展样板区、"诗画江南"吴文化高地、共同富裕美好社会现实模样。①

4.交通基础设施建设合作

2022 年 6 月 11 日,2022 南京都市圈党政联席会议在南京市召开,南京都市圈成员城市芜湖市、马鞍山市、滁州市、宣城市参加会议,各方签署了《共同编制南京都市圈多层次轨道交通体系规划框架协议》。②

2022 年 8 月 17 日,第四届长三角一体化发展高层论坛在上海市举行。会上,长三角三省一市分别签署《长三角一体化危险货物道路运输联防联控协议》《合作推进宁杭铁路二通道框架协议》《推动长三角一体化和"一带一路"建设深度融合共同打造长三角"一带一路"综合服务平台框架协议》。③

2022 年 11 月 23 日,苏州市、无锡市协同发展签约仪式在苏州市举行。签约仪式上,两市签署了《共同推进交通基础设施互联互通战

---

① 《大动作!涉及 2000 多万人　长三角这两城"结盟"》,载浙江省人民政府网,https://www. zj. gov. cn/art/2022/11/30/art_1229278448_59944354. html,2023 年 4 月 13 日最后访问。

② 《2022 南京都市圈党政联席会议在宁召开》,载中华人民共和国国家发展和改革委员会网, https://www. ndrc. gov. cn/xwdt/ztzl/cjsjyth1/xwzx/202207/t20220703_1330017. html,2023 年 4 月 13 日最后访问。

③ 《长三角一体化发展高层论坛在上海举行》,载浙江省人民政府网,https://www. zj. gov. cn/art/2022/8/18/art_1229663330_59819683. html,2023 年 4 月 13 日最后访问。

略合作协议》。①

5.产业合作和经济联盟

2021 年 12 月 23 日,长三角三省一市联合印发《长三角地区体育产业一体化发展规划(2021—2025 年)》。该规则提出到 2025 年,长三角地区体育产业一体化发展取得实质性进展,一体化合作从项目合作走向制度创新,从政府主导走向政府作用与市场机制相结合,形成一批高质量一体化发展的示范项目和载体平台,形成若干个体育产业集群。②

2022 年 3 月 1 日,由上海市人民政府、江苏省人民政府、浙江省人民政府、安徽省人民政府和推动长三角一体化发展领导小组办公室主办的虹桥国际开放枢纽建设工作现场会在上海市举行。上海市国际贸易促进委员会会同长三角 3 个省的国际贸易促进委员会、长三角 12 家会展业领军企业共同组建的"大虹桥"会展产业联盟在会上进行了签约。③

2022 年 3 月 21 日,浙江省制订的《浙江省高质量推进数字经济发展 2022 年工作要点》提出,加快推进长三角在产业链优势互补、核心技术协同创新、数据开放应用等领域的合作,深化推进国家数字经济创新发展试验区建设。长三角三省一市将形成长三角区域关键核心

---

① 《大动作！涉及 2000 多万人 长三角这两城"结盟"》,载浙江省人民政府网,https://www.zj.gov.cn/art/2022/11/30/art_1229278448_59944354.html,2023 年 4 月 13 日最后访问。

② 《浙江聚焦数字体育、户外运动、小镇建设三方发力 长三角体育产业一体化绘就五年蓝图》,载浙江省人民政府网,https://www.zj.gov.cn/art/2022/1/12/art_1229325288_59184336.html,2023 年 4 月 13 日最后访问。

③ 《长三角三省一市联手成立"大虹桥"会展产业联盟》,载中华人民共和国国家发展和改革委员会网,https://www.ndrc.gov.cn/xwdt/ztzl/cjsjyth1/xwzx/202204/t20220428_1323774.html,2023 年 4 月 13 日最后访问。

技术研发、平台建设、联合创新等方面的合作机制,优化产业生态,打造全国数字经济发展高地。①

2022 年 5 月 27 日,无锡市惠山经济技术开发区、无锡广播电视集团(台)、宁波广播电视集团(台)与腾讯科技(深圳)有限公司联合举办长三角数字经济创新联盟战略合作签约暨苏南(惠山)数字文化中心项目落户活动。现场,无锡市惠山经济技术开发区、无锡广播电视集团(台)、宁波广播电视集团(台)与腾讯科技(深圳)有限公司签署了《长三角数字经济创新联盟战略合作协议》。②

2022 年 6 月 11 日,2022 南京都市圈党政联席会议在南京市召开,南京都市圈成员城市芜湖市、马鞍山市、滁州市、宣城市参加会议,各方签署了《南京都市圈产业"集群强链"行动方案》。③

2022 年 7 月 22 日,长三角主要城市中心城区高质量发展联盟召开第二次联席会议暨碳达峰碳中和绿色经济发展论坛。长三角 9 个区——上海市黄浦区、杭州市上城区、南京市鼓楼区、苏州市姑苏区、宁波市鄞州区、合肥市庐阳区、合肥市蜀山区、无锡市梁溪区、南通市崇川区联合发布《长三角商务楼宇一体化评价体系》。作为该联盟的首批成果,《长三角商务楼宇一体化评价体系》是全国首次跨省级行政区域共同提出的一个能够衡量长三角楼宇经济发展水平、体现商务楼宇综合品

---

① 《完善基础设施体系 打造数字经济高地——长三角携手迈向"数三角"》,载浙江省人民政府网,https://www.zj.gov.cn/art/2022/8/10/art_1229278448_59737083.html,2023 年 4 月 13 日最后访问。

② 《惠山经开区:长三角数字经济创新联盟战略合作正式签约》,载扬子晚报网,https://news.yangtse.com/zncontent/2229701.html,2023 年 4 月 13 日最后访问。

③ 《2022 南京都市圈党政联席会议在宁召开》,载中华人民共和国国家发展和改革委员会网,https://www.ndrc.gov.cn/xwdt/ztzl/cjsjyth1/xwzx/202207/t20220703_1330017.html,2023 年 4 月 13 日最后访问。

质的楼宇评价体系,它将以更高标准引领楼宇经济更高质量发展。①

2022 年 8 月 17 日,第四届长三角一体化发展高层论坛在上海市举行。会上,沪、苏、浙、皖的代表企业签署了《"国和一号"产业链联盟共建协议》,以及共同发起设立的长三角产业链"强固补"基金的框架协议。这是继 2021 年在无锡市举行的第三届长三角一体化发展高层论坛上成立长三角集成电路、生物医药、人工智能、新能源汽车 4 个产业链联盟后,成立的新的产业链联盟。会议上,各方代表还进行了长三角碳中和产学研联盟揭牌,签署了《协同推进上海苏北农场高质量发展合作备忘录》《协同推进上海皖南农场高质量发展合作备忘录》《加强优质特色农产品产销对接合作备忘录》《共同推动长江三角洲区域公共资源交易一体化发展合作协议》。②

2022 年 10 月 3 日,2022 年度长三角城市群党建联建会议以视频连线的方式,在沪、苏、浙、皖三省一市各会场同步举行。会上发布了长三角城市群党建引领高质量发展合作项目清单,开展了合作项目"云签约"仪式。最终共同确定了以行业共建、毗邻协作、产业链接、结对共促等形式,涉及产业、民生、交通、科创等各个领域,涵盖三省一市80 多家单位党组织的首批 20 个项目,充分体现了党建和经济发展的深度融合。③

---

① 《长三角中心城区第二次联席会议召开,上城区发布〈长三角商务楼宇一体化评价体系〉》,载杭州市上城区人民政府网,http://www.hzsc.gov.cn/art/2022/7/27/art_1229250081_4071981.html,2023 年 4 月 13 日最后访问。

② 《长三角一体化发展高层论坛在上海举行》,载浙江省人民政府网,https://www.zj.gov.cn/art/2022/8/18/art_1229663330_59819683.html,2023 年 4 月 13 日最后访问。

③ 《长三角城市群党建联建会议举行》,载安徽省发展和改革委员会网,https://fzggw.ah.gov.cn/public/7011/147242151.html,2023 年 4 月 13 日最后访问。

徽省黄山市召开,沪、苏、浙、皖三省一市文化和旅游部门围绕长三角文化和旅游更高质量一体化发展深入交流。会上(上海市视频参会),三省一市共同签署成立了长三角大遗址和考古遗址公园保护利用联盟。会议发布了 2022 年长三角文化和旅游 50 多项工作清单,涉及合作机制共建、文艺交流共促、文保合作共推、公共服务共享、区域开发共抓、整体形象共塑、市场秩序共管等方面。①

2022 年 9 月 7 日,2022 年长三角市场监管联席会议在上海市召开。上海市人民政府、上海市市场监督管理局、江苏省市场监督管理局、浙江省市场监督管理局、安徽省市场监督管理局有关领导同志出席会议并讲话。会上,举行了长三角绿色认证联盟揭牌仪式。会议还签署了《长三角地区市场准入体系一体化建设合作协议》和《长三角预制菜生产许可审查一体化项目合作协议》,发布了长三角市场监管一体化发展标志和共同价值理念,并公布了长三角市场监管一体化发展十项"最佳实践案例"。②

2022 年 9 月 9 日,2022 年推进长三角高质量一体化发展工会工作联席会议以远程连线的方式召开,沪、苏、浙、皖三省一市就长三角地区工会工作进行了交流,并共同发布了长三角一体化工会重点工作方案。重点工作方案包括《2022 年推进中国长三角地区高质量一体化发展竞赛工作意见》《长三角三省一市工会一体化推动构建和谐劳动关系工作方案》《2022 年长三角三省一市职工疗休养区域战略协作工作方案》《"数聚长三角 智汇创未来"长三角地区数字赋能高质量

---

① 《2022 年长三角文化和旅游联盟联席会议在安徽召开》,载浙江省文化和旅游厅网,https://ct.zj.gov.cn/art/2022/3/9/art_1688014_59009795.html,2023 年 4 月 13 日最后访问。

② 《2022 年长三角市场监管联席会议在上海召开》,载中国质量新闻网,https://www.cqn.com.cn/zj/content/2022-09/09/content_8859687.htm,2023 年 4 月 13 日最后访问。

发展职工劳动和技能竞赛活动方案》《长三角结对城市职工劳动和技能竞赛方案》等。①

2022 年 11 月 11 日,2022 年度沪苏浙皖林业部门扎实推进长三角一体化高质量发展联席会议在江苏省苏州市召开。会上,三省一市林业局主要负责同志共同签署了《沪苏浙皖林业主管部门森林防火联防联控协议》。上海市嘉定区、金山区、青浦区,以及江苏省苏州市、浙江省嘉兴市、安徽省宣城市六地林业主管部门负责同志共同签署了《长三角生态绿色一体化发展示范区重大林业有害生物联防联控框架协议》,沪、苏、浙、皖林业局森林防火处还共同签署了党支部共建协议。②

2022 年 12 月 2 日,2022 年长三角地区国资国企联席会议以视频形式在沪、苏、浙、皖三省一市各会场召开。会议就共同推进产业链供应链对接合作、共同建设长三角国有企业原创技术策源地、共同实施省际重大交通能源基础设施建设、共同深化国资国企改革、共同建设长三角产权交易市场、共同打造长三角省级国有资本股权投资基金集群进行了深入交流。会上,长三角一体化发展国资百企合作联盟信息平台正式启用,三省一市产权交易机构签署了战略合作协议。③

2022 年 12 月 14 日,第六次长三角地区政协主席联席会议在江苏省南京市召开。上海市政协、江苏省政协、浙江省政协、安徽省政协领导出席并讲话。会议听取了长三角区域一体化发展情况介绍,审议通

---

① 《2022 年推进长三角高质量一体化发展工会工作联席会召开》,载中新网,http://www.sh.chinanews.com.cn/shms/2022-09-09/103211.shtml,2023 年 4 月 13 日最后访问。

② 《2022 年度沪苏浙皖林业部门扎实推进长三角一体化高质量发展联席会议在苏州召开》,载江苏省林业局网,http://lyj.jiangsu.gov.cn/art/2022/11/12/art_7197_10663430.html,2023 年 4 月 13 日最后访问。

③ 《2022 年长三角地区国资国企联席会议召开》,载安徽省人民政府国有资产监督管理委员会网,http://gzw.ah.gov.cn/ahgz/gzyw/56554871.html,2023 年 4 月 13 日最后访问。

过了《长三角地区政协"推进长三角地区基本公共服务均等化"联合调研总报告》《"推进数字技术赋能制造业高质量发展"联动民主监督总报告》,以及2023年度联动履职总体方案等。会议商定,2023年长三角地区政协将聚焦推动长三角地区自贸试验区合作发展开展联合调研,就推进长三角地区基本公共服务均等化建设情况开展联动民主监督,围绕抓好以长江和太湖为重点的水环境综合治理组织委员联合视察。①

(2)重点合作专题组

交通专题组。2022年1月11日,长三角地区沪、苏、浙、皖三省一市交通运输部门主要负责人视频会召开,三省一市交通主管部门在会上审议通过了《长三角跨省市交通基础设施快联快通建设实施合作协议(2022—2025)》《长三角"两客一危一货"联防联控合作协议》和《长三角地区危货道路运输智控体系共建合作协议》。会上,长三角三省一市交通主管部门和上海组合港管委会办公室审议并发布了《关于携手推动长三角地区交通运输现代化建设的共同宣言》,明确要共同推动世界级城市群特征的交通基础设施现代化建设。会议还提出了长三角一体化发展交通专题合作组2022年初步工作思路。②

信息化专题组。2022年3月1日,为进一步推进三省一市信息专题合作组工作,上海市、江苏省、浙江省、安徽省经(工)信部门共同商议,制定了《长三角区域一体化发展信息化专题组2022年工作要点》,

---

① 《长三角地区政协主席联席会议召开　董云虎张义珍黄莉新唐良智出席》,载浙江省人民政府网,https://www.zj.gov.cn/art/2022/12/16/art_1229278447_60022722.html,2023年4月13日最后访问。

② 《长三角地区三省一市交通运输部门主要负责人视频会召开》,载浙江交通(浙江省交通运输厅)网,http://jtyst.zj.gov.cn/art/2022/1/13/art_1676891_59025343.html,2023年4月13日最后访问。

各方将在共建新一代泛在融合数字基础设施体系、共同推进工业互联网一体化发展、协同推进数字产业发展、协同推进数字技术创新应用、共同搭建合作交流平台等方面加强交流与协作。[①]

科技专题组。2022年3月18日,由科学技术部战略规划司牵头,以视频方式联合召开沪、苏、浙、皖科技厅(委)长三角科技创新共同体工作专班暨长三角科技专题合作组2022年第一季度工作会议。会议研究讨论了《长三角科技创新共同体建设办公室会议方案》《长三角科技创新共同体建设组织保障方案》《长三角科技创新共同体建设行动方案(2022—2025年)》《长三角科技创新共同体建设2022年工作计划》《长三角科技创新共同体联合攻关计划实施办法》《长三角科技创新共同体协同运作工作规则》等制度文件,为下一步召开长三角科技创新共同体建设办公室会议、选派优秀干部挂职、实现长三角科技创新共同体建设集中办公、布局实施首批国家长三角科技创新共同体联合攻关计划等工作奠定了基础。[②]

信用体系专题组。2022年12月30日,长三角区域信用体系专题组第35次例会以视频形式召开,沪、苏、浙、皖三省一市信用办、公共信用信息服务中心负责同志,生态环境、文化旅游、市场监管和药品监督等部门信用工作牵头处(室)负责同志,长三角生态绿色一体化发展示范区执行委员会职能部门负责同志等参加会议。会议正式启动了新版信用长三角网站暨"长三角公共信用信息共享平台",签订了《长

---

① 《浙江省经济和信息化厅关于印发长三角区域一体化发展信息化专题组2022年工作要点的通知》,载浙江省经济和信息化厅网,https://jxt.zj.gov.cn/art/2022/3/2/art_1229567696_23401.html,2023年4月13日最后访问。

② 《长三角科技创新共同体工作专班2022年第一季度工作会议召开》,载中华人民共和国科学技术部网,https://www.most.gov.cn/dfkj/ah/zxdt/202203/t20220323_179972.html,2023年4月13日最后访问。

三角公共信用信息共享平台查询使用规范》。①

环保专题组。2022 年 6 月 21 日,长三角区域生态环境保护协作小组办公室第二次会议以视频形式召开。会议听取了长三角区域生态环境保护协作小组办公室和三省一市推进生态环境共保联治工作情况的汇报,审议通过了《长三角区域生态环境保护协作 2022 年工作重点》等文件。会议强调,要推进区域大气、水、海湾、固废危废、土壤协同治理和生态环境协同监管,加强政策协同创新。成员单位要通力合作,对照年度工作重点,扎实开展各项工作,抓好事关全局和长远的重大任务,坚持适度超前、先行一步,共同建设好一体化示范区,持续产出有显示度的成果。② 2022 年 8 月 17 日,长三角区域生态环境保护协作小组第二次工作会议召开。会前,三省一市生态环境部门共同成立长三角区域生态环境宣传教育联盟,分别签署了《环杭州湾地区石化化工挥发性有机物协同治理"三统一"工作备忘录》《苏皖共同建立"2+12"大气污染联防联控机制工作备忘录》《长江口—杭州湾近岸海域生态环境保护合作协议》《加强长三角生态绿色一体化发展示范区饮用水水源地生态环境保护联防联控工作备忘录》,还共同发布了长三角生态绿色一体化示范区生态环境第三方治理服务平台。③

应急管理专题组。2022 年 7 月 21 日,长三角应急管理专题合作组召开 2022 年长三角应急管理专题合作组工作推进视频会议,交流各省(市)年度重点工作进展情况,研究加快推进下半年工作的设想和

---

① 《长三角区域信用体系专题组第 35 次例会召开》,载信用中国(浙江)网,https://credit. zj. gov. cn/art/2023/1/4/art_1229636049_3022. html,2023 年 4 月 13 日最后访问。

② 《长三角区域生态环境保护协作小组办公室第二次会议召开》,载中华人民共和国生态环境部网,https://www.mee. gov. cn/ywdt/hjywnews/202206/t20220625_986724. shtml,2023 年 4 月 13 日最后访问。

③ 《长三角区域生态环境保护协作小组会议召开》,载中华人民共和国生态环境部网,https://www.mee. gov. cn/ywdt/hjywnews/202208/t20220818_991985. shtml,2023 年 4 月 13 日最后访问。

举措。上海市、江苏省、浙江省、安徽省应急管理主要负责同志出席会议并讲话。会议强调专题合作组要加强统筹协调,加强资源共享,加强协同处置,加强理论创新,进一步强化自然灾害防范联防联控,进一步建强区域协同保障支撑基础,进一步提升防灾减灾数字化应用水平,共同提升突发事故灾难协同应对能力,共同做好跨区域风险防御。[①]

金融专题组。2022 年 12 月 2 日,2022 年长三角地方金融监管局局长圆桌会议在上海市黄浦区召开,会议交流通报了 2022 年以来长三角金融合作进展情况,展望了 2023 年长三角金融协同发展工作计划。会上,10 家金融机构发布《主动优化现代金融服务体系推动长三角高质量发展的共同倡议》,提出 20 条倡议举措,争取到 2025 年末,面向长三角地区的信贷资源投放不少于 5 万亿元,服务新增长三角上市企业不少于 200 家。[②]

(三)长三角区域合作办公室

长三角区域合作办公室,由江苏省、浙江省、安徽省和上海市抽调的人员组建而成,办公地点放在上海市。主要任务是把长三角建设成为贯彻落实新发展理念的引领示范区,成为在全球有影响力的世界级城市群,成为能够在全球配置资源的亚太门户。

[①] 《长三角应急管理专题合作组召开 2022 年工作推进视频会议》,载上海市应急管理局网,http://yjglj. sh. gov. cn/csj/gzyw/20220722/5bb1681eff744e39b9cf0fa071c5780a. html,2023 年 4 月 13 日最后访问。

[②] 《2022 年长三角地方金融监管局局长圆桌会议在黄浦召开》,载上海市黄浦区人民政府网,https://www. shhuangpu. cn/xw/001006/20221214/86a3bcb2-1b27-4b74-bcd5-76a6369d05a4. html,2023 年 4 月 13 日最后访问。

2022 年 1 月 11 日,长三角地区合作与发展联席会议以视频形式召开。会议听取了长三角区域合作办公室,以及沪、苏、浙、皖发展和改革委员会(长三角办)关于 2021 年推进长三角一体化发展有关情况和 2022 年工作考虑的汇报,书面审议了各合作专题组的工作报告。

2022 年 9 月 6 日至 7 日,2022 年长三角应急管理专题合作工作会议在上海市召开,长三角区域合作办公室相关负责同志参加了会议。

2022 年 8 月 26 日,2022 年长三角 G60 科创走廊质量标准论坛在安徽省宣城市举行。长三角区域合作办公室、长三角 G60 科创走廊联席会议办公室相关负责人等出席了会议。[①]

2022 年 9 月 7 日,2022 年长三角市场监管联席会议在上海市召开。长三角区域合作办公室、长三角生态绿色一体化发展示范区执行委员会有关负责人参加了会议。

2022 年 9 月 9 日,2022 年推进长三角高质量一体化发展工会工作联席会议以远程连线的方式召开,上海市发展和改革委员会副主任、长三角区域合作办公室相关人员介绍了长三角地区主要领导座谈会主要内容。

2022 年 12 月 8 日,长三角区域合作办公室组织召开了长三角地区合作与发展联席办视频会议。会议深入学习贯彻党的二十大精神,三省一市联席办和 15 个合作专题组交流讨论了年度重点工作推进情况,并提出了 2023 年重点工作打算。安徽省发展和改革委员会负责同志在分会场出席会议并介绍了 2022 年度长三角地区主要领导座谈会本省牵头任务进展和 2023 年度主要领导座谈会工作准备情况。会

---

① 《2022 年长三角 G60 科创走廊质量标准论坛在宣城举行》,载安徽省市场监督管理局(知识产权局)网,https://amr.ah.gov.cn/xwdt/ztzl/tjzsjythfzjs/xxgcdt/146882231.html,2023 年 4 月 13 日最后访问。

议指出,做好2023年长三角一体化发展工作,要把握三个"好"。一是总结好。15个合作专题组要再深挖、再提炼、再升华一体化5年来的工作成效,形成一批典型创新案例。二是落实好。重点做好2022年主要领导座谈会12项重点推进事项的落实。三是谋划好。围绕五周年重要时间节点,聚焦"放量、升档、突破",共同谋划一批战略性、前沿性重大合作项目,推动量子科技、类脑智能、新能源等未来产业跨区域合作走深走实。①

---

① 《省发展改革委出席长三角地区合作与发展联席办视频会议》,载安徽省发展和改革委员会网,https://fzggw.ah.gov.cn/jgsz/jgcs/zsjqyythfzc/gzdt/147335241.html,2023年4月13日最后访问。

三、长三角法治一体化发展中的权力机关

（一）长三角人大合（协）作机制

1. 长三角地区人大常委会主任座谈会

2022 年 8 月 24 日,长三角地区三省一市人大常委会秘书长座谈会以视频会议形式召开。会议通报了 2022 年度长三角地区三省一市人大常委会主任座谈会主要安排和 2022 年度长三角地区三省一市人大常委会协作重点工作计划。这对贯彻落实 2022 年度长三角地区主要领导座谈会和长三角地区三省一市人大常委会主任座谈会会议精神具有重要意义。[①]

2022 年 9 月 7 日至 8 日,长三角地区三省一市人大常委会主任座谈会在浙江省杭州市召开。会议总结了长三角地区人大协同立法、联动监督、代表联合活动等方面取得的成绩和经验,交流本届以来特色亮点工作和下一步思路举措,审定 2022 年度协作重点工作计划,并签署会议纪要。会议强调,三省一市人大要认真组织实施年度重点协作

---

① 《长三角地区三省一市人大常委会秘书长座谈会召开》,载江苏省人民代表大会常务委员会网,http://www.jsrd.gov.cn/xwzx/rdyw/202208/t20220824_539097.shtml,2023 年 4 月 13 日最后访问。

任务。推进做好居民服务"一卡通"、大型科学仪器共享、大数据、长江船舶污染防治等协同立法,联合开展示范区饮用水水源保护、传染病防治立法调研,组织长三角地区固体废物污染环境防治跟踪检查,组织召开长三角地区三省一市代表工作经验交流座谈会,开展部分全国人大代表联合调研,多层次多渠道推动长三角人大工作协作向纵深发展。①

2. 长三角地区人大专门委员会合(协)作

2022年8月23日,第四次南京都市圈城市人大常委会主任协商联席会议在马鞍山市召开。南京市、镇江市、扬州市、淮安市、芜湖市、滁州市、宣城市、常州市等各市人大常委会负责同志出席会议。会上,南京都市圈各市人大常委会负责同志分别围绕《关于落实〈支持和保障南京都市圈共建长三角一体化高质量发展合作示范区的决定〉年度行动计划》执行情况进行交流发言。会议审议并通过2022年度行动计划,明确了10项重点工作。②

2022年9月22日,长三角地区三省一市人大民宗侨外工作联席会议在安徽省池州市召开。会议认真交流了2021年以来三省一市人大民宗侨外工作和下一步工作打算,围绕依法加强宗教事务管理工作开展了专题研讨和实地调研,就加强经常性联系沟通、推进实质性协同协作、提出新一届重点工作等达成了共识,并签署了备忘录。会议

---

① 《长三角地区三省一市人大常委会主任座谈会在杭召开》,载浙江在线网,https://zjnews.zjol. com. cn/gaoceng_developments/yjj/zxbd/202209/t20220908_24774660. shtml,2023年4月13日最后访问。

② 《马鞍山市承办第四次南京都市圈城市人大常委会主任协商联席会议》,载安徽人大网,http://www. ahrd. gov. cn/article. jsp? strId=16614110772381322&strColId=99221cd94fee4b978530071fdb40bf0c,2023年4月13日最后访问。

强调,要为长三角一体化发展创优环境、凝聚合力,围绕营造更加和谐的民族关系、宗教关系、海内外同胞关系等,推进民宗侨外领域法治建设,加强协同立法和联动监督,更好地发挥人大作用和法治功效。①

2022年12月1日下午,2022年度长三角地区三省一市人大环境与资源保护工作座谈会以视频形式召开,会议围绕学习贯彻党的二十大精神,交流研讨依法推进长三角地区人大环境与资源保护工作的做法经验和下一步工作思路。会议强调依法履行职责,增进工作共识,推进立法协同,强化监督联动,加强代表互动,努力为推进长三角区域环境与资源保护协同联动、促进长三角地区高质量一体化发展发挥更大的作用。②

2022年12月1日,2022年度长三角地区三省一市人大城建环资工作协作座谈会以视频会议方式召开。会议深入贯彻党的二十大精神和中央部署要求,围绕一体化推进长三角地区城建环资法治保障工作开展交流。会议强调要依法推进水环境协同治理,加强固废联防联治法治保障,更好地在绿色低碳发展、城市建设等方面发挥法治保障作用,努力在推进长三角一体化高质量发展中贡献人大城建环资力量。会议通过了《长三角地区三省一市人大城建环资工作协作座谈会(合肥)备忘录》和《关于长三角三省一市人大城建环资工作协作机制》。③

---

① 《谢广祥出席长三角地区人大民宗侨外工作联席会议并致辞》,载安徽人大网,http://www.ahrd.gov.cn/article.jsp? strId=16641606654342234&strColId=2cec8ad434f2405e8086d16765a3b46d,2023年4月13日最后访问。

② 《李学忠参加长三角"三省一市"人大环境与资源保护工作协作视频会》,载中国·浙江人大网,https://www.zjrd.gov.cn/rdyw/202212/t20221206_93998.html,2023年4月13日最后访问。

③ 《长三角地区人大城建环资工作协作座谈会召开 魏晓明出席会议并讲话》,载安徽人大网,http://www.ahrd.gov.cn/article.jsp? strId=16702087458093587&strColId=2cec8ad434f2405e8086d16765a3b46,2023年4月13日最后访问。

2022 年 12 月 1 日,2022 年度长三角地区三省一市人大社会建设工作座谈会以视频形式召开,会议围绕学习贯彻党的二十大精神,交流研讨依法推进长三角地区农民工权益保障一体化建设的做法经验和下一步工作的打算。会议强调在协同立法、监督联动、代表履职等方面深入协作,推动完善农民工群体就业支持体系,逐步实现长三角地区基本公共服务均等化,构筑系统完善的农民工权益保障体系,切实提高在长三角地区务工农民工的获得感、幸福感、安全感。长三角地区三省一市人大社会建设委员会于会后签署《长三角地区三省一市人大社会建设委员会关于加强农民工权益保障工作协同倡议书》,达成下一步协同协作的共识。[①]

2022 年 12 月 7 日,2022 年度长三角地区三省一市人大财经工作座谈会以视频形式召开。会议认真学习贯彻党的二十大精神,交流近年来的人大财经预算工作及进一步加强协作联动的思路和举措,并就推动落实碳达峰、碳中和战略工作情况进行深入座谈。会议通过了《长三角地区人大财经工作座谈会会议纪要》,并强调要注重立法规划制定、年度立法计划实施、法规起草论证等环节的沟通协作,在区域规划、信息互联互通、科技创新、产业协同发展、市场一体化建设、降碳减污扩绿增长等方面加强立法协同。[②]

3. 省级以下人大合(协)作

2022 年 3 月 31 日,江苏省盐城市大丰区十六届人大常委会第一

---

① 《长三角地区人大社会建设工作座谈会召开　魏晓明出席并交流发言》,载安徽人大网,http://www.ahrd.gov.cn/article.jsp?strId=16698868371376748&strColId=2cec8ad434f2405e8086d16765a3b46d,2023 年 4 月 13 日最后访问。

② 《长三角地区人大财经工作座谈会召开　宋国权出席会议并讲话》,载安徽人大网,http://www.ahrd.gov.cn/article.jsp?strId=16704129978574629&strColId=2cec8ad434f2405e8086d16765a3b46d,2023 年 4 月 13 日最后访问。

次会议表决通过了《关于推动长三角一体化产业发展基地建设的决定》(以下简称《决定》)。《决定》围绕区委十三届三次全会提出的"六个统筹""六个高质量",侧重从产业基地建设的目标定位、项目建设、体制机制、基础配套、要素保障等方面做出阐述、提出要求。《决定》明确长三角一体化产业发展基地建设的重大意义、目标任务和工作举措,发出了做好产业基地建设的"动员令",对"一府一委两院"、人大系统、人大代表贯彻落实区委决策部署,深入推动长三角一体化产业发展基地建设发出号召、提出要求,为盐城市打造"融入全省、对接长三角城市群的主阵地、南北合作新标杆"展现大丰担当、做出大丰贡献。①

2022 年 9 月 29 日,安徽省马鞍山市与江苏省南京市、镇江市协同制定的《关于加强长江江豚保护的决定》分别经安徽省人大常委会和江苏省人大常委会审查批准,并于 2022 年 10 月 24 日起施行。这是长三角地区首次跨市域协同立法,也是全国首例对单一物种的流域性区域协同保护立法,是一次崭新的尝试和有益的探索。《关于加强长江江豚保护的决定》坚持系统性立法理念,将物种保护与生态系统保护相融合,要求政府及有关部门在编制有关规划时,充分考虑长江江豚及其生态环境保护的需求,明确了长江江豚生存环境中航运、涉水工程施工、灭螺、无人机跟踪拍摄等活动的规范,规定禁止实施捕捞、垂钓等损害长江江豚及其生态环境的行为。为了维持长江江豚种群活力,建立长江江豚保护区域合作机制。②

---

① 《盐城大丰:以人大决定助推长三角一体化产业发展基地建设》,载江苏省人民代表大会常务委员会网,http://www.jsrd.gov.cn/sxcz/202204/t20220406_536226.shtml,2023 年 4 月 13 日最后访问。

② 《指导跨市域协同立法 助推区域协调发展》,载安徽人大网,http://www.ahrd.gov.cn/article.jsp? strId=16667492991933288&strColId=33c4734a0d4a48af8fdd610a7c69b6b8,2023 年 4 月 13 日最后访问。

2022年11月30日至12月1日,杭州市人大常委会与宁波市人大常委会共同签署《关于唱好杭甬"双城记"两地人大增合力的协议》。双方决定要同心协力助推一体化发展,为杭甬加快形成"核心引领、错位协同、联动创新、竞合共赢"局面构筑良好的法治环境。要服务大局开展协同履职,合力打造长三角世界级城市群"金南翼"民主法治建设新高地。要常态长效促进交流互鉴,把协作基础筑得更牢、协作渠道拓得更宽、协作平台建得更强、协作文章做得更好,共同打造新时代人大协作共进的新标杆。①

4.长三角一体化法治研究院

长三角一体化法治研究院由上海市人大常委会办公厅与华东师范大学合作共建,于2020年12月27日成立。该研究院旨在深度服务长三角一体化发展的国家战略,紧扣"一体化"和"高质量"两个关键词,立足上海市,面向长三角,辐射全国,围绕长三角一体化发展进程中法治的重大理论和现实问题,创新组织形式和管理方式,构建各类开放式的机构平台和项目平台,组织学科协同、校地协同、校校协同、专家协同,开展重大课题攻关和项目建设,努力建设成为全国领先的区域法治协作研究高端新型智库。

2022年8月14日,长三角一体化法治研究院第二批客座研究员聘任仪式暨恳谈会于线上举行,16名来自学界和实务界的专家出席并接受聘任。长三角一体化法治研究院的核心管理团队全员出席会议。②

---

① 《〈关于唱好杭甬"双城记"两地人大增合力的协议〉签署》,载宁波市人民政府网,http://www.ningbo.gov.cn/art/2022/12/2/art_1229099763_59444561.html,2023年4月13日最后访问。

② 《长三角一体化法治研究院第二批客座研究员聘任仪式暨恳谈会圆满结束》,载华东师范大学法学院公众号,https://mp.weixin.qq.com/s/h__OLWRGt1xw0am57isaXA,2023年4月13日最后访问。

2022年11月26日,长三角一体化法治论坛"数字法治的理论与实践"通过线上线下相结合的方式在华东师范大学举办。此次论坛由上海市人大法制委员会、上海人大常委会法制工作委员会指导,华东师范大学主办,华东师范大学长三角一体化法治研究院与华东师范大学法学院共同承办,围绕长三角地区"数字活动的立法规制与赋能",以及"数字活动的产业实践与理论探索"等主题展开。长三角一体化法治研究院成立两年以来,已形成了多项研究成果,也多次获得了全国和省部级的奖励,在国内区域合作研究领域推出了一批高质量的智库报告。下一阶段,该研究院将把党的二十大报告做出的关于法治建设的一系列重大决策部署作为重要依据,协助各省、市人大在长三角一体化法治研究与实践中发挥更大的作用,实现更大的突破。[①]

(二)长三角人大协同立法

2022年3月11日,十三届全国人大五次会议修改的《中华人民共和国地方各级人民代表大会和地方各级人民政府组织法》明确了区域发展合作机制的内容,增加规定省、设区的市两级人大及其常委会根据区域协调发展的需要,可以开展协同立法。这是对包括长三角地区地方实践经验做法的总结固化,也是对长江三角洲区域一体化发展上升为国家战略后,沪、苏、浙、皖三省一市人大常委会多次开展立法实践的肯定和支持。得益于此项法律授权,2022年长三角人大各级人大积极开展协同立法工作。

---

① 《长三角一体化法治论坛:"数字法治的理论与实践"在华东师范大学成功举办》,载华东师范大学法学院公众号,http://www.law.ecnu.edu.cn/academic-research/Research－base/changsan-jiaoyitihu/301861.html,2023年4月13日最后访问。

1.民生领域协同立法

2022 年 10 月 1 日起,上海市、江苏省、浙江省[①]、安徽省[②]三省一市人大常委会同步审议通过的《推进长三角区域社会保障卡居民服务一卡通规定》施行,为建立长三角区域以社会保障卡为载体的居民服务"一卡通"、促进基本公共服务便利共享提供法治保障。新颁布的规定主要体现了 7 个"明确",比如明确长三角"一卡通"功能定位、工作目标和基本原则;明确协同推进工作机制,统一长三角"一卡通"应用场景,实现应用互通、证照互认;明确相关政府部门的职责,规定共同编制长三角"一卡通"的应用项目清单,实行动态调整等。要把长三角居民服务"一卡通"作为今后长三角地区推进公共服务共建共享和便利化的重点工作之一。[③]

2.长江船舶污染协同立法

2022 年 10 月 11 日,为共同推进长江船舶污染防治条例协同立法工作,长三角沿江两省一市长江船舶污染协同立法座谈会在江苏省南京市召开。长江船舶污染防治协同立法意义重大,长江航运发达,船舶密集,涉及多个省级行政区域,船舶污染防治艰巨而复杂。面对新形势和新要求,迫切需要通过立法,进一步建立健全长效机制,为保护长江水域环境、推进生态文明建设提供法治保障。上海市、安徽省两地人大法制委、常委会法工委参会同志对江苏省在开展长江船舶污染

---

① 《浙江省推进长三角区域社会保障卡居民服务一卡通规定》,载中国·浙江人大网,https://www.zjrd.gov.cn/dflf/fggg/202209/t20220929_93713.html,2023 年 4 月 13 日最后访问。

② 《长三角区域合作协同立法 为"居民服务一卡通"提供法治保障》,载人民网,http://ah.people.com.cn/n2/2022/0929/c227131-40145391.html,2023 年 4 月 13 日访问。

③ 《长三角三省一市携手走进"一卡通"时代》,载全国人民代表大会网,http://www.npc.gov.cn/npc/c30834/202210/050cd4d32c674dff9c0754a88e445924.shtml,2023 年 4 月 13 日最后访问。

防治立法方面所做的工作表示肯定,对协同立法相关事项充分发表了意见、取得了共识。[①]

3. 长江江豚协同立法

皖、苏两省三市共同为长江江豚协同立法。2022年8月18日,江苏省南京市第十六届人大常委会审议了《南京市人民代表大会常务委员会关于加强长江江豚保护的决定(草案)》。8月,江苏省镇江市和安徽省马鞍山市的人大常委会也审议了同一主题的相关草案,通过后分别报江苏省人大常委会、安徽省人大常委会批准,并于10月24日"国际淡水豚日"正式实施。该草案规定,针对长江上和沿岸的建设环节明确要求建立"豚评"机制,对长江江豚及其生活环境可能造成不利影响的建设项目,建设单位应当按照要求进行专题论证,落实避让、减缓、补偿、重建等保护措施。近年来,各地保护长江的举措正不断推陈出新。2021年1月1日,安徽省安庆市正式施行《安庆市长江江豚保护条例》,这是我国首部长江江豚保护地方性法规。同样在立法层面,2020年6月6日,为保护中华鲟,《上海市中华鲟保护管理条例》施行。2021年4月1日,由上海市人大常委会牵头、三省一市人大常委会分别做出的《关于促进和保障长江流域禁捕工作若干问题的决定》同步施行,三省一市明确提出,在实施长三角一体化发展国家战略基础上,探索推进长江流域禁捕跨省联动监督、协同立法、联合执法等行动。此外,江苏省、安徽省等地纷纷建立起守护江豚示范学校。[②]

---

① 《长三角沿江两省一市长江船舶污染防治协同立法座谈会在宁召开》,载江苏省人民代表大会常务委员会网,http://www.jsrd.gov.cn/jgzy/fzw/gzdt/202210/t20221013_540667.shtml,2023年4月13日最后访问。

② 《为了"长江的微笑"皖苏两省协同立法》,载安徽省人民检察院网,http://www.ah.jcy.gov.cn/jcyewu/gyssjc/202208/t20220823_3806032.shtml,2023年4月13日最后访问。

四、长三角法治一体化发展中的法治政府

（一）长三角一体化发展中的政府间协议

1.信用体系领域合作

2022 年 2 月 28 日，上海市社会信用建设办公室、江苏省社会信用建设办公室、浙江省社会信用建设办公室、安徽省社会信用建设办公室联合印发《2022 年长三角区域信用合作工作计划》。该工作计划共 4 个部分 32 项任务，包括推动三省一市公共信用平台按照统一数据规范进行改造和对接，以"双公示"数据为突破口实现重点领域信用信息共享，推动更多领域和区域深化信用监管联动，探索长三角区域信易贷平台合作等。①

2022 年 7 月 21 日，长三角地区交通运输信用一体化建设座谈会在江苏省南京市召开。本次会议旨在贯彻落实《长三角地区交通运输信用一体化建设合作协议》，会议强调要扎实推进长三角地区信用一体化建设，从聚焦顶层设计、信用信息共享、开展信用信息数据资源交

---

① 《32 项任务，今年长三角区域信用合作这么干》，载信用中国（浙江杭州）网，http://credit.hangzhou.gov.cn/art/2022/3/23/art_1229634353_29983.html，2023 年 4 月 13 日最后访问。

换与共享研究等方面加快交通运输信用一体化建设进程。会上，江苏省交通运输厅发布《江苏省交通运输信用体系建设白皮书（2021）》。这是全国首本省级交通运输领域信用体系建设白皮书，全方位、系统化地展示了江苏省信用交通建设成效。①

2022年10月，长三角一体化示范区出台《长三角生态绿色一体化发展示范区企业公共信用综合评价实施意见》。在实施意见指导下，在浙江省公共信用信息平台上有良好评价等级的浙江嘉善中能能源评估有限公司以跨省备案制成功入驻吴江网上中介超市。申请过程中，企业在浙江省的信用评价结果获得江苏省苏州市吴江区行政审批局认可，免去主管部门审核环节。这标志着长三角一体化示范区中介机构跨省域信用互认互通实现"零的突破"，推动信用区域化向信用一体化转变。②

2022年12月，浙江省生态环境厅组织长三角三省一市生态环境和信用部门共同发布《2022年长三角区域生态环境领域信用联合奖惩典型案例》。此次共发布8个案例，对进一步推进长三角区域生态环境领域信用合作，突出生态环境守信激励和失信惩戒警示作用，促进企业积极整改环境问题、不断提升自身信用，助力绿色低碳高质量发展有重要意义。③

2022年12月1日，长三角主要城市中心城区高质量发展联盟第二届联盟大会在线上召开。会上，长三角区域合作办公室宣布"信游

---

① 《长三角地区交通运输部门信用一体化建设专题座谈会召开》，载信用江苏网，http://credit.jiangsu.gov.cn/art/2022/8/1/art_78413_10558388.html，2023年4月13日最后访问。

② 《长三角一体化示范区落地首例公共信用互认共享》，载宁波市对口支援和区域合作局网，http://zyhzj.ningbo.gov.cn/art/2023/1/3/art_1229144782_58900962.html，2023年4月13日最后访问。

③ 《嘉兴案例入选2022年长三角区域生态环境领域信用联合奖惩典型案例》，载嘉兴市生态环境局网，https://sthjj.jiaxing.gov.cn/art/2022/12/22/art_1607472_58882612.html，2023年4月13日最后访问。

长三角 2.0"正式上线。2022 年以来,苏州市姑苏区携手南京市鼓楼区、杭州市上城区、宁波市鄞州区、合肥市庐阳区、合肥市蜀山区、无锡市梁溪区、南通市崇川区,以及上海市黄浦区,将联盟各区文旅资源串珠成链,联通信用服务与文化旅游应用场景。此次上线的"信游长三角 2.0"是基于微信小程序,通过识别个人身份信息和信用状况,为长三角守信市民在合作地区提供景点、住宿、购物等惠民服务。①

2. 市场监管合作

2022 年 3 月 1 日,安徽省市场监督管理局办公室印发《长三角市场监管一体化 2022 年度工作要点》,提出 6 项主要任务。本年度将推动制定长三角统一互认的市场监管领域轻微违法行为轻罚免罚制度,推动上海市,以及江苏省南京市、无锡市,浙江省杭州市、宁波市,安徽省合肥市等城市间六大类 10 个追溯品种食品及食用农产品信息互联共享等。6 项主要任务分别是:联建营商环境,加快破除区域行政壁垒;联动监管执法,促进区域市场竞争公平有序;联管市场安全,保障区域重点领域安全可靠;共促质量发展,有效提升区域技术服务支撑能力;共创放心消费,持续推进"满意消费长三角"行动;强化先行先试作用,支持一体化合作多点创新。②

2022 年 3 月 24 日,为贯彻落实中共中央、国务院《长江三角洲区域一体化发展规划纲要》要求,加快推进区域一体化标准体系建设,上

---

① 《长三角主要城市中心城区高质量发展联盟第二届联盟大会举行》,载中华人民共和国国家发展和改革委员会网,https://www.ndrc.gov.cn/xwdt/ztzl/cjsjyth1/xwzx/202301/t20230117_1346786.html,2023 年 4 月 13 日最后访问。

② 《安徽日报:省市场监管局办公室近日印发长三角市场监管一体化 2022 年度工作要点——协作打造现代化市场监管体系》,载安徽省市场监督管理局(知识产权局)网,https://amr.ah.gov.cn/xwdt/mtjjx/twbd/146551701.html,2023 年 4 月 13 日最后访问。

海市市场监督管理局、江苏省市场监督管理局、浙江省市场监督管理局、安徽省市场监督管理局联合开展 2022 年度长三角区域统一地方标准制(修)订项目征集工作,并印发了《2022 年度长三角区域统一地方标准制(修)订项目申报指南》。①

2022 年 7 月 18 日,上海市食品药品安全委员会办公室、江苏省食品安全委员会办公室、浙江省食品药品安全委员会办公室、安徽省食品药品安全委员会办公室联合制定了《2022 年长三角区域食品安全合作工作计划》②,该工作计划主要在以下几方面开展合作:强化食品安全统筹协调合作、深化抽检监测领域合作、推进建立跨区域粮食安全保障体系、探索建立进出口食品安全信息共享机制、推动食品安全信息追溯互联共享和运用、推进追溯工作标准化建设、推动进口食品进口商追溯工作、加强网络食品经营监管协作、加强预制菜生产食品安全监管协作、做好应急管理和重大活动保障、深入推进食用农产品"治违禁、控药残、促提升"三年行动、推进食品安全"守底线、查隐患、保安全"专项行动、推进案件协作和联合惩戒、加强进口冷链食品疫情防控工作、联合开展论坛等活动。③

2022 年 8 月 22 日,上海市市场监督管理局、江苏省市场监督管理局、浙江省市场监督管理局、安徽省市场监督管理局公布了长三角市

---

① 《上海市市场监督管理局 江苏省市场监督管理局 浙江省市场监督管理局 安徽省市场监督管理局关于印发〈2022 年度长三角区域统一地方标准制(修)订项目申报指南〉的通知》,载上海市市场监督管理局网,http://scjgj. sh. gov. cn/912/20220606/2c984ad68124945801813684bdb9108d. html,2023 年 4 月 13 日最后访问。

② 《关于印发〈2022 年长三角区域食品安全合作工作计划〉的通知》,载上海市市场监督管理局网,http://scjgj. sh. gov. cn/209/20220725/2c984a7282213c9b0182342f57264d7f. html,2023 年 4 月 13 日最后访问。

③ 《关于印发〈2022 年长三角区域食品安全合作工作计划〉的通知》,载上海市市场监督管理局网,http://scjgj. sh. gov. cn/209/20220725/2c984a7282213c9b0182342f57264d7f. html,2023 年 4 月 13 日最后访问。

场监管一体化发展"最佳实践案例"。本次公布了最佳实践案例 10 个、优秀实践案例 12 个,有利于充分展示长三角市场监管一体化合作 3 年多来的典型做法,进一步调动了一体化协作的积极性和创造性。①

2022 年 9 月 6 日,2022 年长三角市场监管联席会议在上海市召开,长三角三省一市市场监管部门签署了《长三角地区市场准入体系一体化建设合作协议》,力争"十四五"期间建成长三角地区标准规范统一、信息共享互认、改革协同共进、预期稳定透明的市场准入一体化体系;创新试点"绿色服务认证",绿色认证对引导绿色低碳生产和消费,推进碳达峰、碳中和工作有积极推动的作用。联席会议上,跨区域议事协调机构"长三角绿色认证联盟"揭牌,三省一市将在长三角地区创新试点"绿色服务认证",确保各地实施绿色认证的制度政策和标准规则保持一致,联合打造"长三角绿色认证先行区"。②

2022 年 9 月 8 日,上海市市场监督管理局、江苏省市场监督管理局、浙江省市场监督管理局、安徽省市场监督管理局联合了印发《"满意消费长三角"行动 2022 年重点工作清单》。③

2022 年 9 月 14 日,上海市市场监督管理局、江苏省市场监督管理局、浙江省市场监督管理局、安徽省市场监督管理局联合印发了《关于

---

① 《海市市场监督管理局 江苏省市场监督管理局 浙江省市场监督管理局 安徽省市场监督管理局关于公布长三角市场监管一体化发展"最佳实践案例"的通知》,载上海市市场监督管理局网,http://scjgj. sh. gov. cn/130/20220905/2c984ad6830b1e6f01830b7ad96c117d. html,2023 年 4 月 13 日最后访问。

② 《长三角市场监管部门联手推动市场准入一体化》,载中华人民共和国中央人民政府网,http://www. gov. cn/xinwen/2022－09/09/content_5709176. htm,2023 年 4 月 13 日最后访问。

③ 《上海市市场监督管理局 江苏省市场监督管理局 浙江省市场监督管理局 安徽省市场监督管理局关于印发〈"满意消费长三角"行动 2022 年重点工作清单〉的通知》,载上海市市场监督管理局网,http://scjgj. sh. gov. cn/154/20220908/2c984a72831b61a201831c6aa3130cbd. html,2023 年 4 月 13 日最后访问。

长三角消费纠纷多元化解协作行动的实施意见》。①

2021年12月12日,上海市市场监督管理局、江苏省市场监督管理局、浙江省市场监督管理局、安徽省市场监督管理局联合印发《长三角市场监管一体化发展"十四五"规划》。该规划明确,到2025年,市场准入统一格局基本形成,商事主体登记注册和行政审批流程基本统一,基本实现全程无纸化、数字化和网络化,企业开办效率达到OECD(经济合作与发展组织)国家先进水平。②

2022年12月7日,浙江省市场监督管理局在嘉善县举行"携手长三角　法治助共富"主题普法活动暨全省市场监管系统宪法宣传月启动仪式。上海市、江苏省、浙江省、安徽省三省一市的市场监管部门以此次活动为契机,在区域法治合作上积极探索,就《法治赋能区域发展一体化　聚力建设共同富裕示范区　长三角市场监管法治合作备忘录》达成共识。今后,三省一市市场监管部门将共联法治业务,共推法治活动,共享法治资源,共建法治保障,共宣法治文化,夯实长三角市场监管法治建设基础,助力长三角市场体系一体化发展和区域共同富裕。同时,活动主办方对17家浙江市场监管法治宣传教育示范基地和3家首批省级公民法治素养观测点进行授牌。3年来,浙江省市场监管系统已累计建成示范基地56家。③

---

① 《上海市市场监督管理局　江苏省市场监督管理局　浙江省市场监督管理局　安徽省市场监督管理局关于长三角消费纠纷多元化解协作行动的实施意见》,载上海市市场监督管理局网,http://scjgj.sh.gov.cn/154/20220914/2c984a72831d0814018339e7475f5de9.html,2023年4月13日最后访问。

② 《长三角市场监管一体化发展"十四五"规划发布》,载中华人民共和国国家发展和改革委员会网,https://www.ndrc.gov.cn/fggz/dqjj/zdzl/202201/t20220124_1313097.html,2023年4月13日最后访问。

③ 《携手长三角　法治助共富》,载浙江省人民政府网,https://www.zj.gov.cn/art/2022/12/7/art_1229278448_59984259.html,2023年4月13日最后访问。

2022 年 12 月 23 日,上海市市场监督管理局、江苏省市场监督管理局、浙江省市场监督管理局、安徽省市场监督管理局联合下发了《2022 年度第二批长三角区域统一地方标准制修订计划》。本计划共计 12 项,均为推荐性标准制定项目,完成期限为两年。要求各项目承担单位要按照《地方标准管理办法》及三省一市地方标准制定修订的程序规定,按计划完成标准的制定任务,并将各阶段工作计划及进展情况及时报送项目牵头省(市)市场监督管理局。①

2023 年 1 月 13 日,上海市市场监督管理局、江苏省市场监督管理局、浙江省市场监督管理局、安徽省市场监督管理局共同印发《长三角预制菜生产许可审查指引》。该指引为长三角预制菜生产许可条件审查的技术指南。②

2023 年 1 月 13 日,《安徽省市场监督管理局 上海市市场监督管理局 江苏省市场监督管理局 浙江省市场监督管理局研究印发了〈长三角地区市场监管领域轻微违法行为不予处罚和从轻减轻处罚规定〉》(皖市监法〔2023〕1 号)印发。该规定共 19 条,对有关不予处罚、从轻减轻处罚的认定因素、方式、程序等内容进行细化和明确,力图为基层执法提供更有操作性的规定,推动免罚制度落地。③

---

① 《上海市市场监督管理局 江苏省市场监督管理局 浙江省市场监督管理局 安徽省市场监督管理局关于下达 2022 年度第二批长三角区域统一地方标准制修订计划的通知》,载上海市市场监督管理局网,http://scjgj. sh. gov. cn/912/20230104/2c984a72857b7ead01857b975633018d. html,2023 年 4 月 13 日最后访问。

② 《上海市市场监督管理局 江苏省市场监督管理局 浙江省市场监督管理局 安徽省市场监督管理局关于印发〈长三角预制菜生产许可审查指引〉的通知》,载上海市市场监督管理局网,http://scjgj. sh. gov. cn/209/20230120/2c984a7285be92b40185cd15dfaa5b0e. html,2023 年 4 月 13 日最后访问。

③ 《〈长三角地区市场监管领域轻微违法行为不予处罚和从轻减轻处罚规定〉的政策解读》,载安徽省市场监督管理局(知识产权局)网,https://amr. ah. gov. cn/public/5248926/147560991. html,2023 年 4 月 13 日最后访问。

3.生态环境领域合作

2022 年 2 月 17 日,上海市生态环境局、江苏省生态环境厅、浙江省生态环境厅、安徽省生态环境厅共同研究制定《长三角地区非道路移动机械识别标志互认事宜》,文件从加强组织领导、加快信息互认、开展工作宣传等方面协同深化大气污染治理。①

2022 年 7 月 22 日,长三角主要城市中心城区高质量发展联盟第二次联席会议暨碳达峰碳中和绿色经济发展主题论坛在江苏省南京市召开。会上,联盟 9 个区达成共识,签署《鼓楼"双碳"宣言》。该宣言提出,成员将在绿色转型发展、产业结构调整、清洁低碳能源体系构建、交通和城乡建设绿色发展体系建设、绿色低碳重大科技攻关和推广应用等方面加强合作,形成绿色生产生活方式,打造长三角能效"领跑者",为长三角打造全国碳中和先锋区、典范区做出"联盟贡献",为国家碳达峰、碳中和贡献"长三角智慧"和"长三角方案"。②

2022 年 8 月 8 日,《上海市人民政府关于印发〈上海市碳达峰实施方案〉的通知》(沪府发〔2022〕7 号)发布。该实施方案指出,在临港新片区、长三角生态绿色一体化发展示范区、虹桥国际开放枢纽、"五个新城"等重点发展区域,打造一批各具特色、可操作、可复制、可推广的绿色低碳发展试点示范样本;强化长三角生态绿色一体化发展示范区的示范引领作用,以低碳为重要导向,加快探索规划引领、土地集约节约利用、重大产业项目准入、绿色金融引导、区域协同达峰等重大体制

---

① 《上海市生态环境局、江苏省生态环境厅、浙江省生态环境厅、安徽省生态环境厅关于长三角地区非道路移动机械识别标志互认事宜的通知》,载上海市生态环境局网,https://sthj.sh.gov.cn/hbzhywpt2025/20220221/f1af62b71e4a4a9e9d945e755c130a05.html,2023 年 4 月 13 日最后访问。

② 《长三角九城区发表〈"双碳"宣言〉》,载江苏省生态环境厅网,http://sthjt.jiangsu.gov.cn/art/2022/7/25/art_84025_10551240.html,2023 年 4 月 13 日最后访问。

机制创新。[①]

2022 年 8 月 15 日,长三角三省一市生态环境部门从 15 日起每周联合发布长三角区域环境空气质量预报。这是国内首次由地方层面共同公开发布跨省级行政区域空气质量预报结果。此举进一步加强区域大气污染防治协作机制建设,有利于共同应对区域大气污染,持续提升区域空气质量。[②]

2022 年 8 月 17 日,长三角区域生态环境保护协作小组第二次工作会议召开。会前活动时,由上海市生态环境局、江苏省生态环境厅、浙江省生态环境局、安徽省生态环境厅共同发起的长三角区域生态环境宣教联盟(下文简称联盟)正式宣布成立。会议期间,三省一市生态环境厅(局)主要负责同志签署《长三角区域生态环境宣教联盟章程》。根据联盟章程,三省一市生态环境部门将重点围绕长三角一体化新闻发布、舆论引导和舆情处置、六五环境日等重大活动、社会宣传教育、志愿服务、环保设施向公众开放、新媒体、学习培训等工作开展交流合作。同时,将陆续推进宣传合作、活动开展、舆论引导、新媒体矩阵、公众参与、学习培训、生态文化建设等 7 项工作任务。[③]

2022 年 8 月 18 日,由上海长三角人类生态科技发展中心、安吉县人民政府主办,浙江生态文明研究院协办的 2022 中国黄浦江合作论坛在浙江省安吉县举办。长三角区域合作办公室、浙江省长三角一体化

---

① 《上海市人民政府关于印发〈上海市碳达峰实施方案〉的通知》,载中华人民共和国国家发展和改革委员会网,https://www.ndrc.gov.cn/fggz/hjyzy/tdftzh/202208/t20220808_1332758.html?code=&state=123,2023 年 4 月 13 日最后访问。

② 《长三角三省一市首次联合发布区域环境空气质量预报》,载中华人民共和国中央人民政府网,http://www.gov.cn/xinwen/2022-08/15/content_5705457.htm,2023 年 4 月 13 日最后访问。

③ 《长三角区域生态环境宣教联盟成立》,载上海市生态环境局网,https://sthj.sh.gov.cn/hbzhywpt6023/hbzhywpt6200/hbzhywpt6176/20220926/eaf7f59a77cd4a80b67e46eb27ffdcb7.html,2023 年 4 月 13 日最后访问。

发展办公室、湖州市人民政府区域合作交流办公室、上海长三角人类生态科技发展中心有关负责人,生态环境领域专家、学者,黄浦江沿江节点地区发展改革委(局)合作交流办有关负责人,以及来自上海市、江苏省、浙江省的河(湖)长代表参加本次论坛。论坛上,安吉县结合生态保护工作实际,联合各地、研究机构形成了共同意见,携手各地发布《黄浦江生态环境保护安吉共识》,在深化黄浦江沿岸生态环境保护的同时,各地将打造区域联动、各方参与、多元补偿的生态补偿路径,形成具有全球影响力的跨区域生态保护补偿机制。现场还举行了区域战略合作协议签约,安吉县与长兴县、德清县签订了关于上下游横向生态补偿机制的协议,安吉县鄣吴镇与上海吴昌硕纪念馆签订昌硕文化共建协议。①

2022年9月27日,2022年长三角区域固废危废联防联治视频会议召开。生态环境部固体废物与化学品司、生态环境部固体废物与化学品管理技术中心、生态环境部南京环境科学研究所及三省一市生态环境厅固废管理部门、执法部门和固废管理中心等相关负责同志参加了会议。会议认为,长三角区域生态环境部门按照国家有关工作方案要求和三省一市合作协议部署,在扎实推进危险废物转移白名单制度建设,基于国家信息平台推进危险废物跨省转移信息互联互通,加强区域固体废物违法倾倒案件的信息通报和联合执法等方面取得了积极进展。② 2022年3月,为贯彻落实国家和长三角一体化发展有关要求,安徽省生态环境厅率先在长三角发布《安徽省生态环境厅关于发布安徽省2022年度危险废物跨省转移"白名单"企业的函》(皖环函〔2022〕

---

① 《2022中国·黄浦江合作论坛在我县举办》,载安吉新闻网,http://ajxw.ajbtv.com/resfile/2022-08-19/01/01.pdf,2023年4月13日最后访问。

② 《2022年长三角区域固废危废联防联治视频会议顺利召开》,载上海市生态环境局网,https://sthj.sh.gov.cn/hbzhywpt1103/hbzhywpt1112/20220930/6076f9786ab8461185cff6527b09be07.html,2023年4月13日最后访问。

407 号),将全省 7 家企业(满足清洁生产水平高、近 3 年内未受到生态环境保护相关的行政处罚、危险废物规范化管理考核达标等条件及其经营的 4 类危险废物、满足环境影响小、环境风险可控、易综合利用的条件的企业)纳入跨省转移"白名单"。与安徽省毗邻的省份及上海市在审批转移对应危险废物至安徽省"白名单"企业时,无需征求安徽省意见,可直接审批。①

2022 年 11 月 21 日,长三角区域生态环境损害赔偿工作现场会在江苏省苏州市召开。会议深入学习贯彻生态环境部等 14 个部门印发的《生态环境损害赔偿管理规定》,交流长三角三省一市生态环境损害赔偿工作机制与举措,推动生态环境损害赔偿协作机制创新。生态环境部法规与标准司负责同志以视频形式出席会议并发言。会议发布了长三角区域首次联合评选的生态环境损害赔偿十大典型案例。②

2022 年 12 月 21 日,长三角区域标准《地质灾害风险调查评价规范》通过立项评审。该规范结合长三角地区地质灾害风险调查工作现状、技术要求、制度体系、工作模式、评价模型等方面的特点,拟对地质灾害风险调查评价指标、技术路线和方法进行规范,在支撑长三角地区地质灾害风险隐患精细化管控、服务国土空间规划、创新引领示范等方面发挥积极作用。③

---

① 《安徽用好"白名单"互认机制 让危险废物跨省双向转移更便捷高效》,载中华人民共和国生态环境部网,https://www.mee.gov.cn/ywdt/dfnews/202212/t20221214_1007886.shtml,2023 年 4 月 13 日最后访问。

② 《美丽长三角|长三角区域生态环境损害赔偿工作现场会在苏州召开》,载江苏省生态环境厅网,http://sthjt.jiangsu.gov.cn/art/2022/11/24/art_84025_10678541.html,2023 年 4 月 13 日最后访问。

③ 《长三角区域地质灾害风险调查评价将统一标准》,载中华人民共和国自然资源部网,https://www.mnr.gov.cn/dt/dzdc/202212/t20221221_2771309.html,2023 年 4 月 13 日最后访问。

4.行政执法合作

2022年1月26日,为深入推进税务执法区域协同,打造长三角区域市场化、法治化、国际化营商环境,更好地服务国家区域协调发展战略,上海市、浙江省的五地税务部门发布了《关于持续支持和服务长江三角洲区域一体化发展若干措施的通知》,明确提出要探索实现长三角区域大企业税收事先裁定一体化操作。这是长三角地区跨区域税收事先裁定的重要制度基础。[①]

2022年8月31日,平湖市—金山区联合行政执法队揭牌仪式在张江长三角科技城举行,标志着长三角第一支跨区域联合执法队正式开始实体化运行,是跨区域执法协作的又一个创新典范,为高质量打造长三角界级城市群提供坚强保障。同时,沪、苏、浙三地的城管部门联合制定发布了长三角城管执法"首违不罚"清单——《长三角城市管理综合行政执法毗邻区域共同遵守"首违不罚"清单的指导意见》。这是全国城管执法部门的首份跨区域"首违不罚"统一清单,首批内容涉及生活垃圾、占道经营、未按规定占用城市道路等19项内容。[②] 2017年以来,沪、浙两地持续推进行政执法协作,浙江省平湖市与上海市金山区先后签订《毗邻党建引领区域联动发展合作框架协议》《城市管理综合行政执法部门协作共建协议》《推进区域一体化城管执法协作共建协议》,开启了毗邻区域联动发展、协同治理新课题,研究深化"一城

---

① 《国家税务总局关于进一步支持和服务长江三角洲区域一体化发展若干措施的通知》,载中华人民共和国中央人民政府网,http://www.gov.cn/zhengce/zhengceku/2020-08/04/content_5532277.htm,2023年4月13日最后访问。

② 《平湖市·金山区联合行政执法队揭牌 全国首份跨区域"首违不罚"清单发布》,载上海市城市管理行政执法局网,http://cgzf.sh.gov.cn/channel_8/20220901/1ac4b05a9f1346e3a8f4e6488c26b356.html,2023年4月13日最后访问。

两园"城市管理和综合执法工作,逐步建立了科技城联合执法协作框架。2022 年初,以浙江省"大综合一体化"行政执法改革为契机,沪、浙两地执法部门共同制定《张江长三角科技城"平湖市—上海金山区"联合行政执法队建设方案》,加快推进跨省(市)"一支队伍管执法"具体工作。①

2022 年 9 月 16 日,长三角浙、皖三县(市)综合执法协作暨联合执法队成立仪式在浙江省湖州市安吉县余村村举行,广德市、长兴县、安吉县共同签订《长三角浙皖三县(市)综合执法协同发展共建框架协议》,成立三县(市)综合执法联合行政执法队,正式开启了三地综合执法深度合作、协同发展的新篇章。②

2022 年 9 月 23 日,长三角区域道路运输执法合作启动仪式暨南京都市圈毗邻城市道路运输联合执法行动分别在线上、线下举行,南京市、镇江市、扬州市、淮安市、滁州市、马鞍山市、宣城市 7 个市参加启动仪式视频会议。随后,南京市与滁州市、马鞍山市、宣城市在省界联合执法点连线举行联合执法点揭牌仪式。长三角区域道路运输执法合作正式启动,标志着推进长三角区域道路运输执法合作一体化迈出重要一步。③

---

① 《行政执法一体化!嘉兴积极打破长三角边界区域壁垒》,载浙江省人民政府网,https://www.zj.gov.cn/art/2022/10/14/art_1229325288_59896806.html,2023 年 4 月 13 日最后访问。

② 《省际联动!长三角综合执法一体化向纵深推进!》,载安吉城管发布公众号,https://mp.weixin.qq.com/s?__biz=MzA5NjU0NzEwOQ==&mid=2652740300&idx=1&sn=d2005c12716adc67198f14c2fbf47444&chksm=8b474286bc30cb90b84496b16a19d617e11fb1245e1170f88b063329cfdfd293d863565865fd&scene=27,2023 年 4 月 13 日最后访问。

③ 《长三角区域道路运输执法合作正式启动》,载安徽省发展和改革委员会网,https://fzggw.ah.gov.cn/jgsz/jgcs/zsjqyythfzc/wgqklj/147049011.html,2023 年 4 月 13 日最后访问。

5.发展改革委领域合作

2022年1月11日,上海市发展和改革委员会制定《2022年上海市扩大有效投资稳定经济发展的若干政策措施》,第十六条规定提出,要高水平建设长三角一体化示范区。用好长三角一体化示范区财政专项资金,加大对示范区生态绿色高质量发展重点项目建设。推动建设市域铁路示范区线、"水乡客厅"、元荡淀山湖岸线贯通工程,加快推进轨道交通17号线西延伸、2号线西延伸等项目建设,推进华为青浦研发基地等一批标志性产业项目建设。①

2022年2月20日,安徽省发展和改革委员会印发《安徽省推动长三角一体化发展2022年工作要点》,根据该要点,安徽省将推进合肥都市圈和阜阳城市圈联动发展,推动G60城市间创新券互认互通,增开合肥至日韩、欧美等全货机航线,建设大别山—浙南绿色生态屏障,基本实现长三角药品目录统一,探索"一卡通"在长三角"同城待遇"。②

2022年4月7日,无锡市梁溪区发展和改革委员会与长三角主要城市中心城区高质量发展联盟各区发展和改革委员会联合制定了《长三角主要城市中心城区高质量发展联盟2022年工作计划》。该工作计划吸收了联盟各区各部门的意见建议,明确了"创新联盟工作机制、实施联盟'十大行动'、推进重点领域合作"三大板块26项工作任务及对应责任单位,由各区相关部门牵头,共同推进联盟品牌影响力提升、

---

① 《上海市人民政府办公厅关于转发市发展改革委制订的〈2022年上海市扩大有效投资稳定经济发展的若干政策措施〉的通知》,载上海市发展和改革委员会网,https://fgw.sh.gov.cn/fgw_gdzctz/20220118/dcd29250437f41398992a1a9825e3a5f.html,2023年4月13日最后访问。

② 《〈安徽省推动长三角一体化发展2022年工作要点〉印发》,载中安在线网,http://ah.anhuinews.com/szxw/202203/t20220303_5844433.html,2023年4月13日最后访问。

城市保护更新与发展、楼宇经济成果发布、创新创业一体化等合作项目。①

2022 年 7 月 2 日，江苏省发展和改革委员会印发《苏锡常都市圈发展行动方案(2022－2025 年)》(苏发改规划发〔2022〕658 号)。该行动方案聚焦合力打造高质量发展示范区，部署实施六大领域重点行动：一是产业科技创新高地共创行动，提出共建沿沪宁产业创新带、发展产业智造服务联盟、实施数字经济赋能工程、营造良好创新创业生态；二是高端开放合作体系共建行动，提出打造"一带一路"交汇点建设主力军、参与上海大都市圈建设、提升区域合作水平、构建国际一流营商环境；三是城乡深度融合协同推进行动，提出完善城镇功能结构、深化城乡融合发展、发展特色协同平台；四是沿江绿色生态廊道共筑行动，提出构筑生态安全格局、推进污染协同防治、创新绿色低碳发展模式；五是现代基础设施高效联通行动，提出推进都市区高效联通、畅通对外联系通道、做强特色枢纽经济、共建能源水利保障体系；六是普惠便捷优质生活圈共享行动，提出联合塑造江南文化品牌、完善基本公共服务体系、强化高品质服务供给、协同创新区域社会治理。同时，该行动方案还制定 30 个重要工程项目、22 项重要政策和 15 条重要改革举措"三张清单"，进一步提升指导性、针对性和实施性。②

2022 年 12 月 7 日，安徽省发展和改革委员会公管办组织召开长三角专家资源和交易数据共享工作推进视频会。会议围绕安徽省牵

---

① 《区发展改革委联合制定〈长三角主要城市中心城区高质量发展联盟 2022 年工作计划〉》，载无锡市梁溪区人民政府网，http://www.wxlx.gov.cn/doc/2022/04/07/3637279.shtml，2023 年 4 月 13 日最后访问。

② 《江苏省发展改革委印发〈苏锡常都市圈发展行动方案(2022—2025 年)〉》，载中华人民共和国国家发展和改革委员会网，https://www.ndrc.gov.cn/fggz/zcssfz/dffz/202208/t20220829_1334065.html? code＝&state＝123，2023 年 4 月 13 日最后访问。

头制定的《长三角区域网络互联共享专家库服务规范、技术规范、数据规范》《长三角区域公共资源交易电子服务系统技术规范》《长三角区域公共资源交易数据规范》进行了充分讨论,并就下一步工作安排达成了有关共识。沪、苏、浙两省一市公共资源交易平台整合牵头部门、公共资源交易中心相关处室负责同志及有关技术人员,以及安徽省经济信息中心和部分市公共资源交易中心有关同志参加会议。①

2022年12月15日,上海市发展和改革委员会以视频会议形式组织召开推动长三角公共资源交易一体化合作预备会。国家发展和改革委员会法规司同志出席会议并讲话。会上,三省一市公共资源交易平台整合牵头部门相关处室负责同志分别汇报了牵头任务推进落实情况及下一步工作建议,并围绕《推动长三角公共资源交易一体化合作专题会建议方案》进行了座谈交流。②

6. 政法系统、司法领域合作

2021年12月,中国国际经济贸易仲裁委员会(以下简称贸仲委)江苏仲裁中心昆山庭审中心落成大会暨揭牌仪式举行。在县域范围内设立贸仲委庭审中心,这在全国尚属首例。贸仲委庭审中心将为当事人约定提交由贸仲委或贸仲委江苏仲裁中心,以及仲裁地或开庭地在昆山市的仲裁案件,提供仲裁程序咨询,根据当事人需求提供远程或现场开庭服务等,全力为昆山市及周边地区的中外当事人提供专业化、国际化的仲裁服务,提升昆山市商事法律服务水平,为昆山市打造

---

① 《公管办组织召开长三角专家资源和交易数据共享工作推进视频会》,载安徽省发展和改革委员会网,https://fzggw.ah.gov.cn/public/7011/147513641.html,2023年4月13日最后访问。

② 《公管办参加推动长三角公共资源交易一体化合作预备会》,载安徽省发展和改革委员会网,https://fzggw.ah.gov.cn/public/7011/147377261.html,2023年4月13日最后访问。

社会主义现代化建设县域示范贡献力量。[①]

2022年1月28日,上海市、江苏省、浙江省和安徽省的司法行政、文化旅游和气象部门联合召开长三角区域轻微违法免罚清单工作新闻发布会,推出《长江三角洲区域气象领域轻微违法行为免罚清单》《长江三角洲区域文化市场轻微违法行为免罚清单》《长江三角洲区域气象领域轻微违法行为免罚清单》。多省(市)联合出台轻微违法免罚清单、跨省统一免罚标准,这在国内尚属首次。此次推出的长三角气象领域免罚清单也是全国范围内首份气象领域免罚清单。清单最大限度地统一了长三角区域文化市场和气象领域免罚标准,探索建立了长三角区域执法规则统一、执法监管协同的新路径。[②]

2022年8月5日,长三角法治政府建设论坛在浙江省嘉兴市南湖区召开。本次论坛由浙江省司法厅指导,嘉兴市司法局主办,南湖区司法局承办。其间,对嘉兴市智慧矫正项目、南湖区政务服务数字化改革(跨省通办)工作、嘉善县法治政府建设示范县创建工作、桐乡市行政复议数字化建设项目分别进行了展示。青浦区司法局、金山区司法局、松江区司法局、苏州市司法局、无锡市司法局、常州市司法局、嘉兴市司法局相关负责人联合启动长三角共同富裕法律服务联盟,并签署备忘录。[③]

2022年8月16日,长三角生态环保"产业链＋法律服务"联盟暨

---

① 《贺仲江苏仲裁中心昆山庭审中心揭牌》,载中华人民共和国司法部网,http://www.moj.gov.cn/pub/sfbgw/fzgz/fzgzggflfwx/fzgzggflfw/202208/t20220805_461209.html,2023年4月13日最后访问。

② 《长三角区域暨安徽省轻微违法免罚清单工作新闻发布会召开》,载安徽省司法厅网,https://sft.ah.gov.cn/zhzx/qmyfzs/56109651.html,2023年4月13日最后访问。

③ 《长三角法治政府建设论坛在嘉兴成功举办协同打造"长三角一体化法治示范引领地"》,载浙江省司法厅网 http://sft.zj.gov.cn/art/2021/8/6/art_1229247897_58932937.html,2023年4月13日最后访问。

专项公益基金在江苏省无锡市宜兴市揭牌成立。长三角生态环保"产业链＋法律服务"联盟和专项公益基金在无锡市司法局指导下,由宜兴市司法局、江苏省生态环保科技产业商会牵头成立,通过建立环保产业链法律服务联盟,编制环保法律服务目录,构建集法律服务机构、产业律师、环保企业、科研机构等于一体的综合性法律服务平台,为环保产业链上下企业提供尽职调查、政策咨询、战略谈判、文件起草等法律服务,并参与重大环保产业项目法治审核、法律风险评估等。目前,联盟成员单位包括上海市、浙江省、江苏省、安徽省等地的环境保护商会、协会 20 余家,环保企业 150 余家,律师事务所 50 余家和环保领域专家学者联盟若干,并专门设立专项公益基金,采取项目化推进形式,保障长三角生态环保"产业链＋法律服务"联盟高效有序运转。[①]

2022 年 9 月 20 日,沪、苏、浙、皖三省一市司法厅(局)以视频形式,举办首届长三角司法行政系统青年论坛暨团建联盟成立仪式。成立仪式上,三省一市司法厅(局)签署了《长三角司法行政系统青年团建联盟协议》,并就行政复议、综合执法规范化、司法行政数字化改革及法治实践创新等工作进行了交流。[②]

2022 年 11 月 28 日,"推进长三角仲裁一体化发展论坛暨长三角仲裁一体化发展联盟 2022 年年会"在江苏省南京市召开,43 家仲裁委在线签署《长三角仲裁一体化发展联盟金陵宣言(2022)》。该宣言主要从党建引领、提升聚合力,业务共建、提升公信力,科技赋能、提升保障力 3 个方面不断提升长三角仲裁机构的整体实力与区域竞争力,扩

---

① 《长三角生态环保"产业链＋法律服务"联盟在无锡成立》,载江苏省司法厅 江苏政府法治网,http://sft.jiangsu.gov.cn/art/2022/8/17/art_48513_10578848.html,2023 年 4 月 13 日最后访问。

② 《首届长三角司法行政系统青年论坛暨团建联盟成立仪式圆满举行》,载浙江省司法厅网,http://sft.zj.gov.cn/art/2022/9/21/art_1229247897_58935817.html,2023 年 4 月 13 日最后访问。

大长三角仲裁影响力。①

2022年12月21日,沪、苏、浙、皖三省一市司法厅(局)以视频连线形式召开合作座谈会,以更大力度合力优化长三角区域法治化营商环境。座谈会上,与会同志分别就执法协作、立法协作、法律服务协作、社会矛盾综合治理协作等主题开展了交流研讨,明确了下一年度沪、苏、浙、皖司法厅(局)区域合作重点项目和《长三角区域环境损害司法鉴定协作方案》。②

2022年12月30日,上海市司法局、江苏省司法厅、浙江省司法厅、安徽省司法厅制定《长三角区域环境损害司法鉴定协作方案》,通过组建环境损害司法鉴定专家库、建立教育培训资源共享机制、推进司法鉴定质量评价标准统一、强化区域协作和信息互通等方面建立健全长三角区域环境损害司法鉴定协作机制,整合专家优势,推动交流合作,促进长三角区域司法鉴定协同发展,为实现长三角生态绿色一体化高质量发展提供有力保障。③

2023年1月10日,江苏省太仓市司法局联合上海市嘉定区司法局、宝山区司法局签订《沪太(宝山—嘉定—太仓)公共法律服务一体化合作协议》,主要从创办共享平台、建立常态化互联互通、开展研讨交流3个方面进一步加强沪太务实合作,推进法治共建,为长三角一体化发展提供法律保障。④

① 《长三角地区43家仲裁委联合发布〈金陵宣言〉》,载江苏省司法厅 江苏政府法制网,http://sft.jiangsu.gov.cn/art/2022/11/28/art_48513_10685942.html,2023年4月13日最后访问。

② 《沪苏浙皖司法厅(局)召开合作座谈会 以更大力度合力优化长三角法治化营商环境》,载安徽省司法厅网,https://sft.ah.gov.cn/zhzx/sfyw/56582321.html,2023年4月13日最后访问。

③ 《沪苏浙皖推进长三角区域环境损害司法鉴定一体化》,载江苏省司法厅 江苏政府法制网,http://sft.jiangsu.gov.cn/art/2023/1/12/art_48513_10724669.html,2023年4月13日最后访问。

④ 《太仓深化"宝嘉太"公共法律服务一体化建设》,载江苏省司法厅 江苏政府法制网,http://sft.jiangsu.gov.cn/art/2023/1/10/art_48514_10722533.html,2023年4月13日最后访问。

7.知识产权领域合作

2022年8月29日,以"共建、共治、共享"为主题的南京都市圈知识产权保护协作会议在南京市召开。会上,南京都市圈十地的知识产权系统和法院系统共同签订了《南京都市圈知识产权行政与司法保护协议》,促进跨区域行政和司法协作,将进一步拓展知识产权保护协作领域,织牢知识产权保护网,绘就多元保护"同心圆",共同营造良好的知识产权保护氛围,在全国率先打造都市圈知识产权保护高地。会上,南京都市圈涉外知识产权保护联盟正式成立,南京都市圈知识产权纠纷人民调解中心揭牌,同时发布了南京都市圈知识产权保护专家智库名录。①

2022年9月23日,2022年长三角地区知识产权更高质量一体化发展论坛在上海市举办。会上,长三角三省一市知识产权局共同签署了《长三角地区知识产权更高质量一体化发展框架协议书2.0》《长三角地区数据知识产权保护合作协议书》。根据此次框架协议,长三角三省一市知识产权部门在发展共商方面,将进一步构建常态化的共商机制,加强对长三角地区知识产权建设纲要、规划等组织实施和协同推进;在创新共进方面,将围绕新经济产业和重点产业领域,依托产业园、工业园的技术集聚优势,建设高价值专利培育中心,合作培育跨区域高价值专利组合;在运用共联方面,将推动三省一市现有的知识产权运营和交易平台(中心)互联互通,整合优化平台(中心)的功能,推

---

① 《南京都市圈知识产权保护联盟成立》,载江苏省知识产权局网,http://zscqj.jiangsu.gov.cn/art/2022/8/31/art_75876_10592612.html,2023年4月13日最后访问。

进长三角知识产权交易信息共享、联动发展和交易平台一体化。①

2022年11月25日,浙江省宁波市市场监督管理局(知识产权局)与安徽省蚌埠市市场监督管理局(知识产权局)自当月起全面开展知识产权行政保护跨区域协作,并签订了《甬蚌知识产权行政保护协作协议》,双方将建立工作机制,成立知识产权行政保护协作工作协调小组,建立例会制度,加强工作交流共享。甬、蚌两地市场监管部门将通过建立定期交流,推动服务互认共享,建立知识产权侵权判定的互认机制,共享知识产权侵权纠纷检验鉴定资源,积极探索跨区域的知识产权纠纷调解机制;共商知识产权海外维权援助机制,共享海外维权政策信息、预警提示、专家智库等服务资源。②

2022年11月17日,第十九届上海知识产权国际论坛分论坛暨第二届长三角G60科创走廊知识产权论坛在上海市松江区召开。本届论坛由上海市知识产权局、华东政法大学、松江区人民政府主办,由长三角G60科创走廊联席会议办公室、长三角G60科创走廊法治研究中心、华东政法大学知识产权学院、松江区司法局和松江区知识产权局承办。该论坛介绍了长三角G60科创走廊知识产权行政保护协作中心成立一年来的工作成绩,并发布了《松江区加强知识产权金融工作的若干意见》,进行了"国家知识产权强国建设试点园区"授牌和"国家知识产权强市建设试点城区""松江大米国家地理标志产品保护示范区(筹)""长三角G60科创走廊知识产权培训教育基地"揭牌。③

---

① 《江苏助力长三角地区知识产权一体化发展升级》,载国家知识产权局网,https://www.cnipa.gov.cn/art/2022/9/26/art_57_178996.html,2023年4月13日最后访问。

② 《甬蚌签订知识产权行政保护协作协议》,载安徽省发展和改革委员会网,https://fzggw.ah.gov.cn/jgsz/jgcs/zsjqyythfzc/wgqklj/147167161.html,2023年4月13日最后访问。

③ 《第十九届上海知识产权国际论坛分论坛暨第二届长三角G60科创走廊知识产权论坛在松江开幕》,载上海市知识产权局网,https://sipa.sh.gov.cn/ywzx/20221118/8b06cb765cae4a7b9f05b2fccad8f095.html,2023年4月13日最后访问。

2022年11月17日,江苏省常州市与上海市普陀区联合举行长三角区域协作知识产权一体化保护合作签约仪式,上海市普陀区知识产权局、常州市知识产权局、中以(上海)创新园及中以(常州)创新园负责人和企业代表参加。上海市普陀区知识产权局和常州市知识产权局共同签署了《知识产权一体化保护合作备忘录》,旨在促进两地开展跨区域知识产权保护,进一步推动两地知识产权协同发展,打破行政壁垒,不断强化区域知识产权整体布局,优化知识产权资源配置,使创新成果快速呈现,激发区域创新创造活力,进一步更好地推进知识产权运营服务体系建设,推进快速维权,不断提高创新主体知识产权保护意识,构建跨区域知识产权大保护格局。①

8.教育领域合作

2022年2月24日,浙江省与教育部在北京市签署《教育部 浙江省人民政府关于共同推进浙江教育高质量发展助力共同富裕示范区建设备忘录》。根据该备忘录,教育部与浙江省将紧扣推动共同富裕和人的全面发展,围绕基础教育优质均衡、普惠性人力资本全面提升、高等教育高水平普及和教育治理现代化等方面开展合作,共同推进浙江省在学前教育普及普惠、义务教育优质均衡、学习型社会建设方面做出示范,推进职业教育高质量发展高地、高素质人才高地、教育对外开放高质量发展高地建设,推进高等教育改革创新、教育评价改革、教育数字化改革,助力共同富裕示范区建设和长三角教育协同发展,为

---

① 《【深入学习贯彻党的二十大精神】常州与上海市普陀区联合举行长三角区域协作知识产权一体化保护合作签约仪式》,载江苏省知识产权局网,http://zscqj.jiangsu.gov.cn/art/2022/11/21/art_75876_10674612.html,2023年4月13日最后访问。

加快建设教育强国、世界重要人才中心和创新高地贡献浙江力量。①

2022年6月11日,长三角职业技术教育教师培养培训创新联盟成立。该联盟是上海市职业技术教师教育学院成立后,在教育部、三省一市教育主管部门、上海市教育委员会的指导和支持下,推进一流职教教师培养,服务长三角乃至全国职业教育发展的重要举措。该联盟将对职业技术教育教师培养培训问题进行前瞻性、系统性、引领性的研究,致力于建设成为职业教育教师培养研究的学术交流平台、长三角职业教育智库交流平台,促进长三角职教教师培养的资源共享和联盟单位之间的人员交流与互学互鉴。②

2022年6月16日,苏港澳高校合作联盟区域合作研讨会在江苏省江阴市举行。会上,苏港澳高校合作联盟与江阴市签署战略合作协议,共建联盟江阴实践基地。教育部港澳台事务办公室、江苏省教育厅、江苏省港澳事务办公室、无锡市人民政府、江阴市人民政府及南京大学相关负责人出席会议。2021年12月,苏港澳高校合作联盟正式成立,33所三地高校参与联盟建设。联盟的成立对发挥各方优势、深化三地教育领域交流合作具有重要意义。③

2022年7月28日,上海对外经贸大学与苏州市人民政府举行战略合作签约仪式。仪式上,上海对外经贸大学苏州工业园区自由贸易试验区协同创新中心、涉外人才培养基地及上海对外经贸大学全球经贸治理金鸡湖研究院3个共建平台同步揭牌。根据战略合作协议,双

---

① 《我省与教育部签署备忘录共同推进共同富裕示范区建设》,载浙江省教育厅网,http://jyt.zj.gov.cn/art/2022/2/25/art_1543973_58936728.html,2023年4月13日最后访问。

② 《长三角职业技术教育教师培养培训创新联盟在二工大成立》,载上海教育网,http://edu.sh.gov.cn/xwzx_bsxw/20220613/4648d2dec0a442258d9aba09210a2d3e.html,2023年4月13日最后访问。

③ 《苏港澳高校合作联盟区域合作研讨会在江阴召开》,载江苏省教育厅网,http://jyt.jiangsu.gov.cn/art/2022/6/17/art_57807_10499021.html,2023年4月13日最后访问。

方将发挥自身优势，依托共建平台，开展新时代对外经贸领域工作研究，深化教育协作，推动人才智库互融互通，开展特色教研实践，建立对外经贸领域专业人才交流合作平台。[①]

2022年8月14日，江苏省启东市教育体育局与上海电子信息职业技术学院共建启东职业教育签约仪式暨2022年启东市职教系统中层以上干部管理能力提升培训班开班仪式在上海电子信息职业技术学院普陀校区隆重举行。会上，双方代表共同签署了《启东市教育体育局　上海电子信息职业技术学院共建启东职业教育合作协议》。根据约定，双方将在职业教育办学、党建、专业建设、师资建设、人才培养、职教研究、创新创业、院校管理等方面展开具体合作。[②]

2022年11月27日，在教育部、上海市人民政府指导下，由教育部学校规划建设发展中心主办，上海市人民政府、江苏省人民政府、浙江省人民政府、安徽省人民政府、山东省人民政府及相关高校共同举办的2022长三角国际产学研用合作会议在上海市开幕。开幕式上，举行了上海交通大学溥渊未来技术学院产学研用战略合作启动仪式。同时还举行了中德产学研用创新联合体揭牌及行动计划发布和崇明永久会址揭牌仪式。本次会议是推动教育、科技、人才"三位一体"战略实施的实际行动，是真正把国际产学研用合作会议打造成常态化的高端国际合作平台。[③]

---

① 《上海对外经贸大学与苏州市政府签署战略合作协议》，载中国教育在线网，https://www.eol.cn/shanghai/shgd/202207/t20220729_2240005.shtml，2023年4月13日最后访问。

② 《共建沪启职业教育共同体，打造上海东海岸技术技能人才培养高地｜共建启东职业教育合作协议签约仪式顺利举行》，载上海教育网，http://edu.sh.gov.cn/zyjy_zjzc/20220819/1db51337495e47c8828be5fee3534f86.html，2023年4月13日最后访问。

③ 《产学研用深度融合　多元合作共创未来——2022长三角国际产学研用合作会议开幕》，载上海交通大学·新闻学术网，https://news.sjtu.edu.cn/jdyw/20221128/177067.html，2023年4月13日最后访问。

2022 年 12 月 4 日，由安徽师范大学教育科学学院主办，长三角教师教育联盟、长三角教育一体化发展安徽研究院、安徽省教师教育协同创新中心协办的第二届长三角教育一体化发展高峰论坛在安徽师范大学举行。本次"中国式教育现代化的区域探索与实践"长三角教育一体化发展高峰论坛的举办，进一步促进了长三角地区教育现代化的互学互鉴、融合创新及中国式教育现代化的理论研究和交流。①

2022 年 12 月 18 日，长三角职业教育产科教创新联盟成立大会暨上海电子信息职业技术学院专家咨询委员会成立大会在上海电子信息职业技术学院普陀校区成功举行。会议审议通过了《长三角职业教育产科教创新联盟章程》和《长三角职业教育产科教创新联盟第一届理事会名单》，并宣读了《长三角职业教育产科教创新联盟宣言》。联盟成立后，将充分发挥职业教育在高素质技术技能人才培养、推动中小企业技术革新等方面的作用，加速科技成果转化，打造教育链、人才链与产业链、创新链有效衔接的机制，推动长三角产科教协同创新发展。②

2022 年 12 月 30 日，安徽省教育厅依托中国教师研修网举办线上"2022 年长三角基础教育校长发展高端论坛"，亳州市教育局受邀参加论坛。亳州市教育局高度重视与帮扶城市上海市奉贤区在教育领域方面的合作交流，赴上海市奉贤区教育局进行实地考察学习，与其建立合作交流机制；立足长三角，将 2022 年市级"国培计划"卓越教师培养项目纳入对接长三角教育一体化发展工作，在长三角地区举办

---

① 《第二届长三角教育一体化发展高峰论坛在安徽师范大学举行》，载中共安徽省委教育工委安徽省教育厅网，http://jyt.ah.gov.cn/xwzx/gdjy/40620158.html，2023 年 4 月 13 日最后访问。

② 《长三角职业教育产科教创新联盟成立》，载上海教育网，http://edu.sh.gov.cn/zyjy_zjzc/20230109/a17892eeed894948a8a4427e645a542a.html，2023 年 4 月 13 日最后访问。

"国培计划"培训班;依托帮扶城市,联手上海市奉贤区名师开展市级中小学教师全员培训班,进一步融入长三角教育一体化发展。[1]

9.信息化领域合作

2022年7月15日,浙江省工业软件产业技术联盟成立大会在温州市举行。浙江省经济和信息化厅、温州市人民政府、中国工程院、加拿大工程院相关负责人出席会议。会议举行了联盟温州赋能中心授牌仪式、《长三角推进工业技术软件化战略合作协议》签约仪式,发布了《关于共同推进浙江省工业技术软件化倡议书》。联盟将在推动浙江省工业技术软件化、助力制造业数字化转型方面发挥更大的作用。坚持聚力协同,搭建好供需对接、专业精准的服务平台;坚持应用牵引,加强国产工业软件的应用示范;坚持产教融合,培养既懂软件又熟悉工业的复合型人才。[2]

2022年7月28日,浙江省"十链百场万企"系列活动之网络通信产业链专场在嘉善县举行。该活动由浙江省经济和信息化厅、嘉兴市人民政府联合主办,嘉兴市经济和信息化局、嘉善县人民政府等单位共同承办。会上,由浙江省5G产业联盟、江苏通信行业协会、浙江省互联网产业联合会、安徽省通信行业暨互联网协会共同发起成立了"长三角网络通信产业链协作联盟",旨在促进长三角地区网络通信行业的交流和对接,完善网络通信产业生态。浙江省10个网络通信重

---

[1] 《亳州市教育局在2022年长三角基础教育校长发展高端论坛作交流》,载中共安徽省委教育工委 安徽省教育厅网,http://jyt.ah.gov.cn/xwzx/jcjy/40624758.html,2023年4月13日最后访问。

[2] 《浙江省工业软件产业技术联盟正式成立》,载浙江省经济和信息化厅网,https://jxt.zj.gov.cn/art/2022/8/2/art_1659217_58928990.html,2023年4月13日最后访问。

大合作项目在现场签约,签约金额达 80 亿元。[①]

2022 年 7 月 29 日,浙江省"十链百场万企"系列对接活动之智能电气产业链专场在温州市乐清市举办。在现场项目签约环节,江苏省南京市新型电力(智能电网)装备集群与温州市乐清市电气产业集群签订合作协议,达成首个跨省国家级先进制造业集群联盟合作,进一步推动了智能电气产业集群长三角一体化协同发展。同时,活动现场共计完成了 11 个重点项目的签约。除了场内签约的项目,还有一批项目在场外完成签约,合计签约金额达 290 亿元。[②]

2022 年 8 月 25 日至 26 日,2022 年长三角数字化转型大会在江苏省南京市召开。工业和信息化部信息技术发展司及长三角省、市工业和信息化部门负责人参加会议。本次会议是长三角数字化转型大会举办的第三届会议,大会聚焦长三角制造业,围绕企业数字化建设方法、路径、成果等交流探讨,共同探讨当下制造业数字化转型发展态势,旨在围绕数字化转型共谋新模式、新思路,通过数字化转型激活创新潜能,助力数字经济产业百花竞放,打造制造业强劲活跃的增长极,共同推动长三角经济社会高质量发展。近年来,长三角三省一市共同深入贯彻国家《关于深化互联网＋先进制造业发展工业互联网的意见》和工业和信息化部《制造业数字化转型三年行动计划》,在工信部的部署和指导下,发挥资源禀赋优势,开展强链补链行动,深化联动、密切协作,联合推动长三角制造业数字化、网络化、智能化升级,在机

---

① 《浙江省"十链百场万企"系列活动之网络通信产业链专场在嘉善举行》,载浙江省经济和信息化厅网,https://jxt.zj.gov.cn/art/2022/8/2/art_1570038_58929029.html,2023 年 4 月 13 日最后访问。

② 《浙江省"十链百场万企"系列活动之智能电气产业链专场在乐清举办》,载浙江省经济和信息化厅网,https://jxt.zj.gov.cn/art/2022/8/2/art_1229511429_58929032.html,2023 年 4 月 13 日最后访问。

制、平台、基础、生态等建设上取得积极成效。①

2022年9月4日，工业和信息化部在浙江省宁波市召开2022年"5G＋工业互联网"现场工作会。会议以"5G全连接工厂"为主题，由工业和信息化部主办，浙江省经济和信息化厅、浙江省通信管理局、宁波市人民政府协办，中国信息通信研究院、中国工业互联网研究院、中国联合网络通信集团有限公司承办。会上，工信部发布了《5G全连接工厂建设指南》，举行了5G全连接工厂项目签约仪式，在线远程展示了中兴通讯（南京）、宁波爱柯迪、湖州诺力智能装备的5G全连接工厂。会议还组织了现场考察宁波中集物流装备5G全连接工厂、雅戈尔5G全连接工厂。②

2022年11月9日，长三角一体化数字文明共建研讨会在浙江乌镇互联网国际会展中心展览中心举行。研讨会上，由沪、苏、浙、皖长三角联席办和上海市青浦区、松江区，浙江省杭州市、宁波市、嘉兴市、湖州市，江苏省南京市、苏州市，安徽省合肥市、芜湖市10个市（区）的人民政府共同倡议组建的"数字长三角共建联盟"正式启动。会上，数字长三角共建联盟发布了《携手迈向长三角数字文明新未来——乌镇宣言》，该宣言提出将致力于引领数字基建新布局，激发数字经济新活力，增强数字政府新效能，优化数字社会新环境，加快数字素养新提升，共商数字治理新机制，筑牢数字安全新屏障。③

---

① 《徐军副厅长出席2022年长三角数字化转型大会》，载江苏省工业和信息化厅网，http://gxt.jiangsu.gov.cn/art/2022/8/30/art_6280_10591636.html，2023年4月13日最后访问。

② 《2022年"5G＋工业互联网"现场工作会在宁波召开》，载浙江省经济和信息化厅网，https://jxt.zj.gov.cn/art/2022/9/19/art_1659217_58929285.html，2023年4月13日最后访问。

③ 《"数字长三角共建联盟"启动》，载人民网，http://finance.people.com.cn/n1/2022/1111/c1004-32563637.html，2023年4月13日最后访问。

10. 金融领域合作

2022 年 6 月 17 日，"助力上海经济重振、赋能长三角区域高质量发展"——上海市融资租赁重大项目云签约活动成功举办。会上，部分融资租赁重点项目作为代表进行了云签约。据悉，仅 2022 年上半年，上海市重点金融租赁、融资租赁机构预计在上海市及长三角区域投放的重点融资租赁项目 278 个、总额达 2251 亿元，涵盖了航空航运、交通物流、科技创新、绿色低碳、生物医药、专精特新等重点产业领域。这些项目规模大、能级高、带动力强，体现了上海市融资租赁行业对上海经济重振和长三角区域高质量发展强有力的金融支撑。[①]

2022 年 6 月 28 日，长三角资本市场服务基地皖西南分中心在安徽省安庆市正式揭牌，上海证券交易所、上海市浦东新区金融服务局、安徽省地方金融监督管理局、安徽证监局、安庆市人民政府等有关负责同志参加仪式。长三角资本市场服务基地系上海证券交易所和上海市浦东新区金融服务局联合设立的金融资本综合服务平台。皖西南分中心为安徽省揭牌的第三家分中心，标志着安庆市全面拥抱上海市金融市场，精准对接资源，围绕科创金融、投融资、上市培育、并购重组等方面探索长三角区域金融服务协调机制，为拟上市、已上市科创企业提供覆盖全生命周期的金融服务生态体系，着力打造全市上市加速器。[②]

2022 年 9 月 19 日，第二届长三角数字金融产业创新周开幕式暨

---

① 《融资租赁重大投放项目云签约，重点项目 278 个、总额达 2251 亿元》，载上海金融网，ht-tps://jrj.sh.gov.cn/ZXYW178/20220617/2cf2cc478389425bb1eaaf30472ff180.html，2023 年 4 月 13 日最后访问。

② 《长三角资本市场服务基地皖西南分中心在安庆市揭牌成立》，载安徽省地方金融监督管理局网，http://ahjr.ah.gov.cn/xwzx/dfjr1/sxdt/8734562.html，2023 年 4 月 13 日最后访问。

苏州市金融支持产业创新集群发展大会在江苏省苏州市相城区举行。活动中发布了苏州市深入推进数字人民币试点行动方案、推进苏州市数字金融产业发展的意见和若干措施、苏州市金融支持产业创新集群发展的工作意见，以及首批获奖的数字人民币全国首创场景、创新型机构和产业生态圈企业获兑数字人民币政策奖励；苏州市小微企业数字人民币贷款试点启动，首批发放数字人民币贷款13.07亿元；《苏州相城数字金融产业集聚区建设规划》发布；苏州市长三角数字金融产业研究中心、金融机构重点数字金融项目揭牌；金融科技实验室共建备忘录、重点数字金融产业项目、重点产业创新集群基金项目、金融支持产业创新集群重点企业授信（投资）项目等进行了签约。[①]

2022年10月11日，在中国人民银行金融消费权益保护局的指导下，中国人民银行上海总部、中国人民银行南京分行、中国人民银行杭州中心支行、中国人民银行合肥中心支行、中国人民银行宁波市中心支行不断健全长三角普惠金融指标体系，联合开展长三角普惠金融指标填报，并完成《长三角普惠金融指标分析报告（2021年）》。该报告显示在金融服务使用、绿色金融与普惠金融融合发展、金融服务可得性、金融服务质量等方面，普惠金融保持良好发展态势，普惠金融交流合作不断深入。[②]

2022年11月20日，长三角绿色金融数字化交易平台正式发布，该平台旨在搭建绿色产业和金融服务的数字化桥梁，打造绿色金融科技创新发展高地，有力地、有序地、有效地支持经济社会绿色低碳转

---

① 《苏州推出数字金融及支持产业创新集群发展系列政策》，载江苏省人民政府网，http://www.jiangsu.gov.cn/art/2022/9/20/art_33718_10611344.html，2023年4月13日最后访问。

② 《报告显示：长三角地区普惠金融保持良好发展态势》，载上海金融网，https://jrj.sh.gov.cn/SCDT197/20221011/1c3966e25fa94f35aad9c05f5b366ef5.html，2023年4月13日最后访问。

型。该平台由上海保险交易所和苏州市人民政府、苏州高新区共同建设,以苏州市为试点,率先为苏州绿色科技企业提供绿色保险服务,截至目前已有中国大地财产保险股份有限公司、中国平安保险(集团)股份有限公司、中国太平洋保险(集团)有限公司、中国人民保险集团股份有限公司等 4 家保险公司,苏高新集团、朋友保科技公司等 9 家企业入驻,首批上线光伏发电量损失补偿保险等 12 款产品。①

2022 年 11 月 30 日至 12 月 1 日,第四届(2022)钱塘江论坛在浙江省各市举行。本次论坛以"普惠、科创、绿色、开放——金融服务中国式现代化探索"为主题,采用多地联动形式,包括 1 个主论坛、3 场主场峰会、5 场平行峰会和 1 个闭门会,政府领导、专家学者、企业代表、金融机构、行业组织等共同探讨如何以金融服务中国式现代化。论坛发布了《长三角绿色金融发展竞争力报告(2022)》,正式启动了丽水市普惠金融服务乡村振兴改革试验区,杭州市、嘉兴市科创金融改革试验区,金华市开放经济金融服务改革创新试点。②

11. 交通领域合作

2022 年 1 月 18 日,长三角地区三省一市交通部门主要负责人召开视频会议。会上审议通过了《长三角跨省市交通基础设施快联快通建设实施合作协议(2022—2025)》,确定了未来 4 年即将实施的 20 项省际铁路、16 项省际高速公路、21 项省际普通公路、9 项省际航道项目清单。其中,涉及湖州的沪苏湖铁路、南京至杭州铁路二通道、盐城

---

① 《上海保交所发布长三角绿色金融数字化交易平台》,载上海金融网,https://jrj. sh. gov. cn/SC212/20221123/65339e8d4eaf46fa94a42c9e417bb7f9. html,2023 年 4 月 13 日最后访问。

② 《第四届(2022)钱塘江论坛成功举办 浙江立足优势加快推进金融现代化》,载浙江新闻网,https://zj. zjol. com. cn/news. html? id=1967137,2023 年 4 月 13 日最后访问。

经泰州无锡常州宜兴至湖州铁路、如东经南通苏州至湖州城际铁路、水乡旅游线城际铁路、苏州至台州高速公路、申苏浙皖高速拓宽工程浙江段、长湖申线等多个项目纳入清单。[①]

2022年3月10日,《长三角省际毗邻公交运营服务规范》等两项地方标准已由浙江省市场监督管理局批准发布实施。该规范在广泛调研的基础上,多次征求长三角三省一市行业主管部门、运输企业和行业发展协会相关意见,明确了长三角省际毗邻公交的术语与定义,以及对线路、运营车辆、场站、运营调度、服务、安全、服务监管等方面的要求,并提出了长三角省际毗邻公交命名规则、统一标识和乘客满意度调查方法。[②]

2022年8月1日,浙江省交通投资集团有限公司、浙江省轨道交通建设管理集团有限公司联合体与实施机构正式签约金山至平湖市域铁路(独山港至海盐段)PPP项目合同与项目投资协议,这标志着浙江省交通投资集团有限公司与平湖市、海盐县及嘉兴港区"企地合作"有了新进展,长三角一体化发展战略实现实质性突破。[③]

2022年9月15日,长三角三省一市交通运输部门分管负责人工作会议在江苏省宜兴市召开。会议介绍交流了2022年以来长三角地区交通运输一体化发展工作进展和联合课题推进情况,重点通报了1份要点(《长三角一体化发展交通专题合作组2022年工作要点》)、3项合作协议(《长三角跨省市交通设施快联快通建设合作协议(2022—

---

① 《长三角未来4年重大交通项目清单发布　湖州多个项目纳入其中》,载浙江省人民政府网,https://www.zj.gov.cn/art/2022/1/18/art_1229325288_59185478.html,2023年4月13日最后访问。

② 《市运管中心组织人员参加〈长三角省际毗邻公交运营服务规范〉视频宣贯会》,载马鞍山市人民政府网,https://jyj.mas.gov.cn/zhxx/jtdt/2002377761.html,2023年4月13日最后访问

③ 《"轨道上的长三角"又有新进展》,载浙江交通网,http://jtyst.zj.gov.cn/art/2022/8/1/art_1229318207_59027961.html,2023年4月13日最后访问。

2025 年)》《长三角地区危货道路运输智控体系共建合作协议》《长三角"两客一危一货"联防联控合作协议》)进展情况,以及 4 项联合课题(智慧高速公路总体技术要求研究、长三角城际铁路一体化运营管理机制研究、长三角区域交通强国建设评价指标体系研究、区块链技术在长三角交通运输执法协同一体化中的应用研究)的推进情况。

2022 年 9 月 24 日,为推动长三角区域交通一体化更加深入发展,三省一市交通运输部门会同发展改革部门共同制定了《长三角一体化发展交通专题合作组 2022 年工作要点》,明确了 103 项交通基础设施建设项目和 32 项合作事项。三省一市交通运输部门还在提升省际通道互联互通水平、推进危险货物道路运输智控体系建设、推动长三角"一地六县"产业合作示范区交通一体化、争取生态绿色一体化示范区综合交通规划尽早发布等方面达成共识,将全力做好第四季度长三角交通合作重大活动,全面落实年度工作要点 7 个方面 22 项重点任务,统筹谋划 2023 年交通专题组合作要点。[①]

2022 年 9 月 28 日,浙江省交通运输厅与湖州市人民政府签署战略合作协议,并签署《共同打造湖州交通运输现代化示范区支撑生态文明典范城市建设战略合作协议》,浙江交通职业技术学院与长兴县签署《共建浙江交通职业技术学院长兴校区协议书》。为了加快推动协议有效落实,需要明确以下几点。一要建立常态化会商机制。建立工作专班,定期会商、共同研究,谋划和落实好协议各项工作。二要制定重点工作任务清单。对照协议内容,细化梳理,以清单管理抓好落实,争取年年都有新成果、新进展。三要抓好重大基础设施项目。围

---

① 《长三角研讨交通一体化重点任务》,载中华人民共和国中央人民政府网,http://www.gov.cn/xinwen/2022-09/24/content_5711665.htm,2023 年 4 月 13 日最后访问。

绕重大项目统筹,进一步强化推进体系,建立强有力的协调、督查、考核、激励机制。四要打造系列引领性、示范性成果。在数字化改革、共同富裕、绿色发展等方面,探索更多的创新经验。①

2022 年 10 月 28 日,江苏交通控股有限公司发起并联合浙江省交通投资集团有限公司、安徽省交通控股集团有限公司成立了长三角可持续高速公路发展联盟。长三角综合交通产业集团等共同成立的全国首个区域性可持续高速公路发展联盟,将服务大局,当好经济发展先锋官;开放共享,当好区域融合排头兵;创新驱动,当好智慧交通探路人;绿色低碳,当好生态文明主力军;统筹协调,当好幸福出行守护者,充分发挥可持续高速公路在应对气候变化,消除贫困,减少环境污染,促进包容性增长,实现碳达峰、碳中和目标等方面的积极作用,为经济社会可持续发展做出贡献。②

2023 年 1 月 16 日,浙江省嘉兴市人民政府办公室印发《加快建设长三角海河联运枢纽港实施方案(2023—2025 年)》。该方案提出构建"一枢纽、十通道、八联"的总体布局,明确畅通海河联运内外通道、提高海河联运港口能级、推动运输装备迭代升级、加快发展港航服务业、提升海河联运服务效能、优化海河联运发展环境等 6 个方面主要任务,以及健全组织机构、加强责任落实、强化督查考核等 3 个方面保障措施。明确到 2023 年基本确立长三角海河联运枢纽地位,到 2025 年嘉兴港港口集装箱吞吐量力争进入全国前十、全球前三十,基本建

---

① 《抢抓交通发展"黄金机遇期"加快打造引领性、示范性成果|浙江省交通运输厅与湖州市签署战略合作协议》,载浙江交通网,http://jtyst.zj.gov.cn/art/2022/10/5/art_1676891_59029012.html,2023 年 4 月 13 日最后访问。

② 《长三角可持续高速公路发展联盟成立》,载中华人民共和国国家发展和改革委员会网,https://www.ndrc.gov.cn/xwdt/ztzl/cjsjyth1/xwzx/202210/t20221028_1339742.html?code=&state=123,2023 年 4 月 13 日最后访问。

成长三角地区海河联运枢纽港的目标。该方案标志嘉兴市海河联运建设迈入新阶段。①

12.人力社保领域合作

2022年7月11日,2022海外华侨华人高层次人才创新创业峰会在江苏省昆山市举行。峰会上,为发挥长三角三省一市统战侨务部门资源优势,集聚引导海外人才回国创新创业,沪、苏、浙、皖三省一市统战部门共同建立"长三角侨智创新发展联盟",以期助力长三角区域侨智侨力深度融合,助推长三角区域高质量一体化发展。②

2022年7月18日,江苏省人力资源和社会保障厅、上海市人力资源和社会保障局、浙江省人力资源和社会保障厅、安徽省人力资源和社会保障厅联合印发《长三角地区劳务派遣合规用工指引》。这是长三角地区人力资源和社会保障领域三省一市第一次共同发文做出政策指引,从用工单位、劳务派遣单位、劳动纠纷处理3个维度22个规范要点,引导长三角地区统一规范劳务派遣用工行为,旨在提示用工单位和劳务派遣单位在劳务派遣用工过程中应注意的事项和重点关注的法律问题。③

2022年7月20日,长三角人力资源服务协作暨安徽省"两保五对接"工作推进会在合肥市举办。本次活动紧密围绕保就业、保用工,促进人社部门与其他部门、人社部门与用工企业、人力资源服务机构与

---

① 《嘉兴出台〈加快建设长三角海河联运枢纽港实施方案〉》,载浙江交通网,http://jtyst. zj. gov. cn/art/2023/1/27/art_1229327542_59030733. html,2023年4月13日最后访问。

② 《长三角侨智创新发展联盟成立　助力侨智侨力深度融合》,载浙江省人民政府网,https://www. zj. gov. cn/art/2022/7/11/art_1229278448_59725684. html,2023年4月13日最后访问。

③ 《转发浙江省人力资源和社会保障厅关于印发〈长三角地区劳务派遣合规用工指引〉的通知》,载杭州钱塘新区管理委员会　杭州市钱塘区人民政府网,http://qt. hangzhou. gov. cn/art/2022/8/1/art_1229607320_1823850. html,2023年4月13日最后访问。

用工企业、培训机构与用工企业、跨区域劳务协作等5个方面精准对接。沪、苏、浙、皖三省一市人社部门签署了《沪苏浙皖结对合作帮扶城市劳务协作联盟框架协议》；安徽省内皖江、皖北地区34个县（区）的人社部门签署了区域劳务合作协议；部分人力资源服务机构、重点用工企业和培训机构就合作事项进行了现场签约。①

2022年9月7日，安徽省人力资源和社会保障厅、江苏省人力资源和社会保障厅在江苏省南京市签订技能合作协议。根据协议，两省人力资源和社会保障部门将深入开展校地、校企、校校合作交流，增强技工院校产教融合、专业建设、师资队伍建设等领域的交流合作，探索打造跨区域技工教育联盟；共建共享高技能人才公共实训基地、人才评价基地，推进高技能人才队伍建设资源共享；相互学习借鉴培训政策、培训管理等方面的做法，分享职业培训资源，提高职业培训质量。合肥技师学院与南京技师学院、宿州技师学院与盐城技师学院、六安技师学院与镇江技师学院、马鞍山技师学院与泰州技师学院的相关人员代表结对院校签订了校校合作协议。②

2022年9月29日，"才聚长三角，智汇G60"第四届长三角G60科创走廊人才峰会在江苏省苏州市举行。会上，杭州市、嘉兴市、金华市、湖州市、苏州市、合肥市、宣城市、芜湖市，以及上海市松江区签订了《长三角G60科创走廊九城市人才服务工作交流合作框架协议》。9个城市在建立人才服务机构联席会议、高层次人才服务合作、专家智力资源共享等8个方面协同联动，打造一体化人才服务新格局。为推

---

① 《长三角人力资源服务协作暨全省"两保五对接"工作推进会召开》，载安徽人社公众号，https://mp.weixin.qq.com/s/HZ9JmyEPnRNFv6ZEFKbMqA，2023年4月13日最后访问。

② 《积极落实国家战略 共推区域技能人才一体化发展——安徽和江苏签订技能合作协议》，载安徽省人力资源和社会保障厅网，https://hrss.ah.gov.cn/zxzx/gdxw/8737065.html，2023年4月13日最后访问。

进9个城市基地平台共建、优质资源共享、人才发展共融,第三批长三角G60科创走廊九城市人才培育服务基地揭牌,共计18家基地,其中,优秀人才红色教育示范基地9家,人才创新能力培养示范基地9家。①

2022年10月27日,为落实长三角一体化发展行动要求及调解仲裁工作合作共建协议内容,加强结对仲裁院间的沟通与交流,进一步提升仲裁工作层次,镇江市劳动人事争议仲裁院与上海市金山区、安徽省滁州市、浙江省平湖市的劳动人事争议仲裁院共同举办关于仲裁制度建设在线座谈交流会。会前,4家劳动人事争议仲裁院已经在线上分享了各自的规章制度建设成果,积极融入长三角仲裁协同发展。②

2022年11月25日,为推动《长三角G60科创走廊九城市人才服务工作交流合作框架协议》尽快落地,江苏省苏州市人力资源和社会保障局积极联系科创走廊其他8个城市人社部门,经过共同研究,联合印发了《长三角G60科创走廊九城市流动人员人事档案业务协同办理暂行办法》,为长三角G60科创走廊9个城市的人才流动带来便利。③

13.民生领域合作

2022年7月11日,浙江省医疗保障局发布《长三角三省一市基本

---

① 《高层次紧缺人才需求近15000个,长三角G60科创走廊人才峰会近日举行》,载上海市人力资源社会保障局网,http://rsj.sh.gov.cn/ttpxw_17107/20221013/t0035_1410663.html,2023年4月13日最后访问。

② 《交流分享共促仲裁工作水平提升——长三角结对仲裁院举办制度建设座谈会》,载江苏省人力资源和社会保障厅,http://jshrss.jiangsu.gov.cn/art/2022/10/28/art_78498_10642561.html,2023年4月13日最后访问。

③ 《苏州:首个人才服务工作九城市通办事项已落地》,载江苏省人力资源社会和保障厅网,http://jshrss.jiangsu.gov.cn/art/2022/12/7/art_78498_10700630.html,2023年4月13日最后访问。

医疗保险医疗服务项目支付目录(2021 版)》①,医保目录是医保制度的重要基石,也是影响医保待遇和实施医保管理的关键环节。早在 2021 年 3 月 20 日,长三角三省一市医疗保障局印发了《2021 年长三角医保一体化工作要点》,要求梳理长三角药品目录、诊疗项目、医疗服务设施目录相关内容,明确方法和路径,逐步推进 3 个目录统一实施。这次发布标志着目录统一工作迈出了坚实的一步。药品目录统一的工作路径和时间节点也已确定。②

2022 年 8 月 17 日,在第四届长三角一体化发展高层论坛上,2022 年长三角"一网通办"示范应用成果发布暨银行自助终端上线仪式也同时举行,"一网通办"政务服务事项正式入驻四地五大行网点自助服务终端。数据统计显示,上线 3 年多来,长三角"一网通办"让区域内的企业、群众享受越来越多的"同城服务"。依托全国一体化政务服务平台公共支撑能力,沪、苏、浙、皖三省一市推进跨省业务协同,深化数据共享应用,不断提升跨省公共服务的速度、深度、广度和温度。截至目前,已推出 138 项长三角跨省通办服务,累计全程网办超 543.8 万件,567 个线下窗口已服务逾 19 万次。根据最新发布的长三角"一网通办"示范性场景应用清单,2022 年还有包括新生儿入户、首次申领身份证"多地联办"等事项在内的一系列创新应用在长三角率先落地。③

2022 年 12 月 12 日,2022 长三角社会组织协同发展苏州大会在江苏省苏州市公益园举行。湖州市、苏州市两地社会组织联合发布

---

① 《浙江省医疗保障局关于省十三届人大六次会议湖 28 号建议的答复》,载浙江省医疗保障局网,http://ybj.zj.gov.cn/art/2022/7/11/art_1229226152_4950192.html,2023 年 4 月 13 日最后访问。

② 《关于印发〈2021 年长三角医保一体化工作要点〉的通知》,载上海医保网,http://ybj.sh.gov.cn/qtwj/20221109/199b6edce83a44c6a060521b9441d534.html,2023 年 4 月 13 日最后访问。

③ 《紧扣"一体化"和"高质量" 长三角加速融通共赢》,载浙江省人民政府网,https://www.zj.gov.cn/art/2022/8/16/art_1229278447_59819033.html,2023 年 4 月 13 日最后访问。

《社会组织参与应对突发公共事件指导手册》,并为首批"苏州社会组织社会工作督导团"成员授旗。①

2022年12月16日,由安徽省图书馆倡议,沪、苏、浙、皖三省一市公共图书馆共同发起的长三角地区公共图书馆标准化工作联盟成立大会在安徽省蚌埠市召开。会议交流总结了长三角地区公共图书馆开展标准化工作的实践与成效,并就联盟标准化工作进行研讨。会议签署《长三角地区公共图书馆标准化工作联盟合作框架协议》。长三角三省一市公共图书馆约定,要围绕"十四五"期间图书馆标准化工作的目标和任务,组织参与国家标准、地方标准的制定、修订,开展标准转化、标准化交流培训等工作,不断满足图书馆事业发展对标准化工作的需求,进一步发挥标准对文旅事业高质量发展的支撑作用。②

14. 旅游领域合作

2022年3月7日,2022年长三角文化和旅游联盟联席会议在安徽省黄山市召开。会上,沪、苏、浙、皖三省一市旅游部门就长三角文化和旅游高质量一体化发展进行了深入交流会商,联合推出了《2022年长三角文化和旅游工作清单》,包括50余项工作。2022年,沪、苏、浙、皖三省一市将成立长三角大遗址和考古遗址公园保护利用联盟、长三角地区公共图书馆标准化工作联盟、长三角社会艺术水平考级工作联盟,推动长三角一体化建设走向规范化、常态化。③

---

① 《2022长三角社会组织协同发展苏州大会举行》,载江苏省民政厅网,http://mzt.jiangsu.gov.cn/art/2022/12/14/art_54981_10711256.html,2023年4月13日最后访问。

② 《长三角地区公共图书馆标准化工作联盟正式成立》,载安徽省文化和旅游厅网,https://ct.ah.gov.cn/ztzl/srxxxcgcddesdjs/8742113.html,2023年4月13日最后访问。

③ 《沪苏浙皖联合打造长三角"文化发展高地"》,载中华人民共和国国家发展和改革委员会网,https://www.ndrc.gov.cn/xwdt/ztzl/cjsjyth1/xwzx/202205/t20220524_1325275.html,2023年4月13日最后访问。

2022年3月15日,长三角农业机械一体化发展座谈会在安徽省芜湖市召开。沪、苏、浙、皖三省一市农机化行业主管处室负责同志分别介绍了本省(市)农机化发展及《长三角农业机械化一体化发展战略合作协议》推进情况,围绕资源共享、协同合作、成果共有、产业联动、环境支撑等方面就如何推动长三角地区农机化高质量、深层次融合互动发展提出了意见和建议。会议将形成纪要,推动一体化合作协议落实。①

2022年11月7日,2022长三角文旅一体化合作发展峰会在江苏省扬州市举行。来自沪、苏、浙、皖三省一市旅游协会代表及嘉宾齐聚一堂,以"一体化合作再扬帆,高质量发展谱新篇"为主题,共谋长三角文旅一体化高质量发展新格局。会上,三省一市旅游协会联合发布了《长三角文旅一体化合作发展扬州宣言》《2022长三角文化和旅游优秀案例榜单》,举行了主题演讲和圆桌对话。三省一市还签署了《长三角区域自驾游与房车露营合作发展框架协议》等。②

2022年11月10日,由安徽省文化和旅游厅、宣城市人民政府主办,安徽省非物质文化遗产保护中心、宣城市文化和旅游局、绩溪县人民政府、绩溪县文化和旅游局共同承办的第三届长三角城市非物质文化遗产特展在安徽省绩溪县麒麟古镇隆重举办。本次特展以"非遗传承 美食相伴"为主题,从沪、苏、浙、皖三省一市遴选地域特色鲜明、融入当代生活的非遗代表性项目68个,组建"清甜上海""清鲜江苏""鲜美浙江""香醇安徽""诗意宣城·文房四宝"5个展区,着力体现三

---

① 《长三角农业机械一体化发展座谈会在芜湖召开》,载安徽省农业农村厅网,http://nync. ah. gov. cn/ahsnjgzbtxxgkzl/zhyw/56174091. html,2023年4月13日最后访问。

② 《厅领导参加2022长三角文旅一体化合作发展峰会》,载江苏省文化和旅游厅(省文物局)网,http://wlt. jiangsu. gov. cn/art/2022/11/9/art_694_10660764. html,2023年4月13日最后访问。

省一市的地域非遗风采。①

2022 年 11 月 21 日,由安徽省文化和旅游厅牵头,联合上海市、江苏省、浙江省的文化和旅游部门,共同推出 2022 长三角区域民俗、疗(休)养、老年、购物等 4 类专项旅游产品,于近日在 2022 年长三角康养旅游嘉年华开幕式上发布。这充分展示了长三角的优质文化旅游资源和地域文化特色,更好地满足了人民群众美好旅游生活的需求。②

2023 年 1 月 13 日,长三角数字创意产业联盟年会在安徽省合肥市举办,安徽省文化和旅游厅二级巡视员许建民出席会议。安徽省发展和改革委员会、安徽省经济和信息化厅、安徽省广播电视局、安徽省工商业联合会等省直部门和市、县文旅部门负责同志,长三角数字创意产业联盟、安徽省数字创意产业协会代表及沪、苏、浙、皖专家学者、企业家等参会。年会审议了拟加入联盟成员单位名单、联盟 2022 工作总结和 2023 重点工作计划。年会的成功举办,进一步加强了长三角数字创意产业联盟成员单位之间交流与跨界合作,赋能数字创意产业"双招双引",持续扩大安徽省及长三角数字创意产业的影响力。③

15. 农业领域合作

2022 年 6 月 23 日,由安徽省人民政府与中国食品工业协会联合举办的长三角绿色食品加工业大会,在农业"大包干"发源地小岗村召开。会议在滁州市主会场及其他 15 个市分会场举行了绿色食品加工

---

① 《第三届长三角城市非遗特展在绩溪县隆重举办》,载宣城市人民政府网,https://www.xuancheng.gov.cn/News/show/1418940.html,2023 年 4 月 13 日最后访问。

② 《长三角文旅一体化发展新硕果 发布 40 个主题专项旅游产品》,载上海市文化和旅游厅网,http://whlyj.sh.gov.cn/cysc/20221121/37154e63116f48d5bfcb75541e8ef5d2.html,2023 年 4 月 13 日最后访问。

③ 《长三角数字创意产业联盟年会在合肥举办》,载安徽省文化和旅游厅网,https://ct.ah.gov.cn/zwxx/wlyw/8770350.html,2023 年 4 月 13 日最后访问。

业项目签约仪式,共签约项目 235 个,合同金额达 670 亿元,其中亿元以上项目 173 个,10 亿元以上项目 11 个。长三角绿色食品加工业大会采取常态化运行方式,强化线上线下互动、省内省外联动,常年开展"双招双引",实现更大范围、更高效率地开放合作共享。各地主动加强对接,遴选出优势的产业和优质的项目,有针对性地做好招商引资、招才引智工作,为来皖投资发展的企业提供"多链协同"的产业生态和一流的营商环境。[①]

2022 年 8 月 9 日,上海市、江苏省、浙江省、安徽省农业农村部门共同研究,探索开展农机购置与应用补贴机具长三角区域一体化投档,印发了《关于探索开展长三角区域一体化投档的通知》,并组织开发了一体化投档功能。通知从区域联合、提升效能、支持优机、共享结果等方面稳步开展试点,及时总结完善,努力为全国探索开展区域一体化投档工作积累经验。[②]

2022 年 10 月 8 日,《上海市人民政府办公厅印发〈关于促进上海域外农场高质量发展的实施意见〉》(沪府办发〔2022〕20 号)提出,重点任务是建立健全体制机制、强化各级各类规划引领、推进产业升级发展、提高基础设施和公共服务水平、提高社区管理和建设水平、加强跨区域政府管理协同,要求树立大食物观,整体谋划、系统推进上海域外农场高质量发展,牢牢把握打造上海优质主副食品的重要供应基地、上海超大城市发展的重要战略空间、促进长三角一体化发展合作

---

① 《长三角绿色食品加工业(小岗)大会召开　王清宪出席并讲话》,载安徽省民政厅网,http://mz.ah.gov.cn/xwzx/szf/121050941.html,2023 年 4 月 13 日最后访问。

② 《〈关于探索开展长三角区域一体化投档的通知〉解读》,载江苏省农业农村厅网,http://nynct.jiangsu.gov.cn/art/2022/8/19/art_51447_10581311.html,2023 年 4 月 13 日最后访问。

示范载体的功能定位,努力形成促进上海域外农场高质量发展的新格局。①

2022 年 10 月 20 日,上海市农业农村委员会与上海联合产权交易所签订战略合作协议,共同推进乡村振兴重点领域发展。根据战略合作协议,双方聚焦农村产权制度改革、农村资源要素的激活、农村集体经济的壮大、涉农科技成果的影响力、农村信用体系建设等方面进行一系列的合作。双方签署战略协议有助于把握推动农村发展的利好政策,盘活农村闲置资源资产,发展特色化非农产业,充分激活农业农村资源要素市场,多渠道引导社会资本参与乡村振兴,同时可以对外输出上海农村产权制度改革、集体"三资"管理交易的示范经验。②

2022 年 11 月 22 日,乡村振兴长三角市长研讨会在上海市金山区举行。研讨会主题为"以产业融合发展高质量推动乡村振兴",由农业农村部科技教育司、长三角区域合作办公室、长三角乡村振兴研究院、上海市农业农村委员会、长三角现代服务业联盟联合指导。研讨会通过深化"三省一市"乡村振兴交流与合作,共建长三角乡村振兴联盟,全力助力长三角区域打造成为乡村振兴高质量发展先行区、乡村治理标杆区、共同富裕实践区,共同构建长三角区域乡村振兴一体化发展新格局。③

2022 年 11 月 24 日,上海青少年创新学院青浦分院成立仪式暨朱

---

① 《上海市人民政府办公厅印发〈关于促进上海域外农场高质量发展的实施意见〉的通知》,载上海市人民政府网,https://www.shanghai.gov.cn/nw12344/20221021/ebab053d93e843edaae5282 3c0089d60.html,2023 年 4 月 13 日最后访问。

② 《激活要素市场 助力乡村振兴 市农业农村委与上海联交所签署战略合作协议》,载上海市农业农村委员会网,https://nyncw.sh.gov.cn/mtbd/20221025/fc161bb7bc784857a6b3d230dd06a 155.html,2023 年 4 月 13 日最后访问。

③ 《省工程咨询研究院受邀参加"乡村振兴"长三角市长研讨会》,载安徽省发展和改革委员会网,https://fzggw.ah.gov.cn/public/7011/147241891.html,2023 年 4 月 13 日最后访问。

家角乡村振兴专项金融季启动仪式在长三角生态绿色一体化发展示范区(上海)金融产业园举行。在此仪式上,朱家角镇与上海思尔腾科技集团有限公司、长三角乡村振兴基金签署了产城乡一体化战略合作协议。朱家角镇乡村振兴成果卓越。本次上海思尔腾科技集团有限公司与朱家角镇属实业公司的合作搭建了区域乡村产业运营平台,以"科技、文创、金融"产业为抓手,实现了朱家角镇新城区域农文旅资源的整合,提升了区域乡村休闲服务的品质。①

16. 住建领域合作

2022年6月19日,长三角生态绿色一体化发展示范区执行委员会、上海市住房公积金管理委员会、苏州市住房公积金管理委员会、嘉兴市住房公积金管理委员会联合印发《关于长三角生态绿色一体化发展示范区试点异地租赁提取住房公积金的通知》,创新试点在长三角生态绿色一体化发展示范区内支持职工提取住房公积金支付异地房屋租赁费用。②

2022年6月30日,上海市住房和城乡建设管理委员会、江苏省住房和城乡建设厅、浙江省住房和城乡建设厅、安徽省住房和城乡建设厅组织制定了《长三角区域工程造价管理一体化发展工作方案》,明确了合作领域、重点任务和任务分工,以及保障措施,到2025年,三省一市工程量清单计价规则基本统一,信息资源共享机制基本形成,信用评价体系基本衔接,市场环境进一步优化,造价咨询服务质量稳步提

---

① 《镇校企联动、产城乡融合,朱家角镇乡村振兴再启航》,载上海农业农村委员会网,https://nyncw. sh. gov. cn/mtbd/20221124/1992805ddee549758a14d771554a6faa. html,2023年4月13日最后访问。

② 《关于长三角生态绿色一体化发展示范区试点异地租赁提取住房公积金的通知》,载苏州市住房公积金管理中心网,http://gjj. suzhou. gov. cn/szgjj/sjlw/202206/8b47e93113094e6cb3c387bb74ece13c. shtml,2023年4月13日最后访问。

高,行业监管与服务信息化水平明显提升,行业地位进一步凸显。到2030年,形成更加成熟、更加有效的造价一体化发展制度体系,推动长三角区域更高质量的一体化发展,从而推进工程造价管理体系和管理能力现代化,加强跨区域分工合作,形成长三角区域工程造价管理的协同机制,促进长三角区域更高质量的一体化发展。[①]

2022年11月11日,长三角住房公积金一体化党建联建协议签约暨第一次联建活动顺利举行。长三角三省一市住房建设主管单位、公积金处及长三角区域公积金中心负责人参加活动。会上,三省一市住建部门公积金处党支部签订了《长三角住房公积金一体化党建联建协议》。该协议通过政治理论联学、优势资源共享、实践活动联办、党员队伍联建等形式,保障长三角住房公积金一体化高质量发展。[②] 早在2020年8月20日,长三角住房公积金一体化战略合作框架协议签约仪式暨第一次联席会议在上海市召开,会上,三省一市住建部门共同签署《长三角住房公积金一体化战略合作框架协议》,长三角住房公积金一体化工作驶入"快车道"。嘉兴市公积金中心积极领办浙江省推进长三角公积金一体化发展项目,制订推进长三角住房公积金一体化发展行动方案及任务、责任清单;积极响应《长三角住房公积金一体化战略合作框架协议》,牵头促成上海市青浦区、江苏省苏州市吴江区、浙江省嘉兴市嘉善县三地公积金管理部门共同签署《长三角一体化发展示范区住房公积金合作推进协议》,建立联席会议制度和协调推进

---

① 《关于印发〈长三角区域工程造价管理一体化发展工作方案〉的通知》,载上海市住房和城乡建设管理委员会网,https://zjw.sh.gov.cn/jsgl/20220923/82ff0a161fdf4e9d95bc917fd179f614.html,2023年4月13日最后访问。

② 《长三角住房公积金一体化党建联建签约暨第一次联建活动顺利举行》,载浙江省住房和城乡建设厅网,http://jst.zj.gov.cn/art/2022/11/14/art_1569971_58931032.html,2023年4月13日最后访问。

机制,确保协作项目落实落地①;牵头梳理长三角地区各公积金中心服务标准,共八大类 24 小项服务要点,制订实施《长三角住房公积金管理部门服务标准》。

17.科技领域合作

2022 年 3 月,《上海市人民政府办公厅〈关于本市推进长三角国家技术创新中心建设的实施意见〉》②(沪府办〔2022〕17 号)提出了上海市支持长三角国家技术创新中心建设的总体要求和工作举措,更好地支撑长三角国家技术创新中心建设。早在 2020 年 3 月,科学技术部、财政部出台了《关于推进国家技术创新中心建设的总体方案》,明确提出聚焦长三角一体化国家战略,布局建设综合性国家技术创新中心。2021 年 6 月,经科学技术部批准,由苏、浙、皖、沪三省一市共同组建的长三角国家技术创新中心正式挂牌成立,为提升区域整体发展能力和协同创新能力提供综合性、引领性支撑。

2022 年 6 月 24 日,上海市科学技术委员会联合其他 8 个部门印发了《关于支持上海长三角技术创新研究院建设和发展的若干政策措施》③(以下简称《政策措施》)。《政策措施》共 11 条,从机构定位、治理结构、运行模式、载体建设、经费使用、人才队伍、市区联动、考评机制

---

① 《一体善示范(96)|青吴嘉三地签订住房公积金合作推进协议》,载中共嘉善县委 嘉善县人民政府网,http://www.jiashan.gov.cn/art/2020/12/30/art_1229268736_59026824.html,2023 年 4 月 13 日最后访问。

② 《上海市人民政府办公厅关于本市推进长三角国家技术创新中心建设的实施意见》,载上海市人民政府网,https://www.shanghai.gov.cn/nw12344/20220424/2ca72304e6714ad5aaa2426e37c8cb11.html,2023 年 4 月 13 日最后访问。

③ 《关于印发〈关于支持上海长三角技术创新研究院建设和发展的若干政策措施〉的通知》,载上海市人民政府网,http://service.shanghai.gov.cn/XingZhengWenDangKuJyh/XZGFDetails.aspx?docid=REPORT_NDOC_009039,2023 年 4 月 13 日最后访问。

等方面提出要求,旨在强化推动长三角科创一体化的政策保障,促进区域技术创新体系的制度创新,落实顶层设计、构建政策体系。

2022 年 7 月 18 日,上海市科学技术委员会和上海市财政局联合出台《上海长三角产业技术研发专项经费管理办法(试行)》,进一步规范上海市长三角产业技术研发专项经费的使用管理。①

2022 年 8 月 22 日,上海市科学技术委员会、江苏省科学技术厅、浙江省科学技术厅、安徽省科学技术厅共同制定了《三省一市共建长三角科技创新共同体行动方案(2022—2025 年)》。该行动方案提出实施国家战略科技力量合力培育、产业链创新链深度融合协同推动、创新创业生态携手共建、全球创新网络协同构建、协同创新治理体系一体化推进等五大行动,到 2025 年初步建成具有全球影响力的科技创新高地。该行动方案提出,加快促进量子计算、类脑智能、细胞治疗、人类表型组等领域重大基础研究成果产业化;建立生物及化合物信息资源库,建设覆盖从材料到动力系统各环节的燃料电池测试评价平台、国内领先的智能网联汽车测试基地及新能源汽车大数据平台等产业创新平台;聚力产业绿色节能改造,围绕低碳前沿技术开展联合研究,加快推广应用减污降碳技术。②

2022 年 8 月 22 日,上海市科学技术委员会、江苏省科学技术厅、浙江省科学技术厅、安徽省科学技术厅制定了《关于促进长三角科技创新券发展的实施意见》,主要从分类推动科技创新券政策发展、推进

---

① 《关于印发〈上海长三角产业技术研发专项经费管理办法(试行)〉的通知》,载上海市人民政府网,http://service. shanghai. gov. cn/XingZhengWenDangKuJyh/XZGFDetails. aspx? docid＝RE-PORT_NDOC_009041,2023 年 4 月 13 日最后访问。

② 《沪苏浙皖共同制定〈三省一市共建长三角科技创新共同体行动方案(2022—2025 年)〉》,载中华人民共和国国家发展和改革委员会网,https://www.ndrc. gov. cn/xwdt/ztzl/cjsjyth1/xwzx/202210/t20221028_1339740. html? code＝&state＝123,2023 年 4 月 13 日最后访问。

科技创新券政策互联互通、提升长三角科技创新券服务系统效能、建立长三角科技创新券服务保障体系等方面推动长三角科技创新券互联互通,促进长三角科技创新资源一体化共享利用,加快建设长三角科技创新共同体。①

2022年8月26日,上海市科学技术委员会、江苏省科学技术厅、浙江省科学技术厅、安徽省科学技术厅联合试点开展2022年度长三角科技创新共同体联合攻关重点任务揭榜工作,印发了《关于试点开展长三角科技创新共同体联合攻关重点任务揭榜工作的通知》《2022年长三角科技创新共同体联合攻关首批揭榜任务清单》,旨在合力推动重点产业链关键核心技术实现自主可控,提升产业链供应链的安全性和竞争力。②

2022年8月26日,2022年长三角G60科创走廊质量标准论坛在安徽省宣城市顺利召开。长三角G60科创走廊9个城市政府共同签订《长三角G60科创走廊贯彻落实中共中央、国务院贯彻落实〈质量强国中长期规划〉联合行动方案》。在签约环节,宣城市市场监管局与安徽省产品质量监督检验研究院进行了签约,9个城市产品质量监督检验研究院(所)进行了签约,并发布了首批30家跨区域开展质量基础设施一站式服务第三方检测机构名录,推动第三方检测机构跨区域开展服务,打破行政区划壁垒,助推9个城市质量标准一体化发展。③

---

① 《上海市科学技术委员会等关于印发〈关于促进长三角科技创新券发展的实施意见〉的通知》,载上海市人民政府网,https://www.shanghai.gov.cn/nw12344/20220907/667830b3e9e94ee6996aa0b7af1cd946.html,2023年4月13日最后访问。

② 《关于试点开展长三角科技创新共同体联合攻关重点任务揭榜工作的通知》,载安徽省科学技术厅(安徽省外国专家局)网,http://kjt.ah.gov.cn/kjzx/tzgg/121166891.html,2023年4月13日最后访问。

③ 《长三角共建G60科创走廊质量标准高地》,载江淮新闻网,http://www.jhxww.net/cn/shizheng/info_173.aspx? itemid=143421,2023年4月13日最后访问。

2022 年 9 月 16 日,科技赋能文化数字智创未来——长三角 G60 科创走廊青年创新发展主题活动在安徽省合肥市举行。会上,上海市及嘉兴市、杭州市、金华市、苏州市、湖州市、宣城市、芜湖市、合肥市 9 个城市团委共同成立长三角 G60 科创走廊"科技＋文化"青年创新发展联盟。为了更好地服务 9 个城市青年共享科技与产业创新成果,相互促进、共同提高,长三角 G60 科创走廊青年科技文化创新交流中心在会上揭牌成立。同时,会上还颁发了 2022 年度长三角 G60 科创走廊青年创新先锋、青年科技和产业创新最佳案例及人才招引大使聘书。①

2022 年 10 月 9 日,为落实《长三角科技创新共同体建设发展规划》《长三角科技创新共同体联合攻关合作机制》,支持长三角打造全国原始创新高地和高精尖产业承载区,上海市科学技术委员会、江苏省科学技术厅、浙江省科学技术厅、安徽省科学技术厅联合起草了《长三角科技创新共同体联合攻关计划实施办法(试行)(草案)》,并向社会公开征求意见。②

2022 年 11 月 8 日,第五届中国国际进口博览会长三角 G60 科创走廊高质量发展要素对接大会在国家会展中心(上海)会议中心举行。长三角 G60 科创走廊建设专责小组成员单位,以及上海市松江区、嘉兴市、杭州市、金华市、苏州市、湖州市、宣城市、芜湖市、合肥市 9 个城(区)领导出席会议。会上,长三角 G60 科创走廊研究中心(G60 研究

---

① 《长三角 G60 科创走廊"科技＋文化"青年创新发展联盟成立》,载中华人民共和国国家发展和改革委员会网,https://www.ndrc.gov.cn/xwdt/ztzl/cjsjyth1/xwzx/202210/t20221028_1339741.html? code＝&state＝123,2023 年 4 月 13 日最后访问。
② 《〈长三角科技创新共同体联合攻关计划实施办法(试行)(草案)〉公开征求意见的公告(已归档)》,载浙江省科学技术厅网,http://kjt.zj.gov.cn/art/2022/10/10/art_1229706743_43116.html,2023 年 4 月 13 日最后访问。

院(筹))成立并揭牌,同时还举行了长三角 G60 科创走廊九城市企业联合采购签约仪式、长三角 G60 科创走廊跨区域合作重点项目签约仪式、"科创＋产业＋金融"要素对接项目签约仪式。会议发布了《长三角 G60 科创走廊国际形象与影响力报告》《长三角 G60 科创走廊建设方案中期评估报告》。①

(二)长三角生态绿色一体化发展示范区

2022 年 1 月 4 日,推动长三角一体化发展领导小组办公室正式印发《关于复制推广长三角生态绿色一体化发展示范区第二批制度创新经验的通知》。这是推动长三角一体化发展领导小组办公室继 2021 年发文复制推广长三角生态绿色一体化发展示范区第一批制度创新经验后,又一次面向全国复制推广长三角生态绿色一体化发展示范区经验。推动长三角一体化发展领导小组办公室总结提炼的长三角生态绿色一体化发展示范区第二批制度创新经验共有 7 个方面 16 项。②

2022 年 1 月,长三角生态绿色一体发展示范区执委会印发《长三角生态绿色一体化发展示范区共建共享公共服务项目清单(第二批)》。这是继 2020 年联合发布《长三角生态绿色一体化发展示范区共建共享公共服务项目清单(第一批)》后,长三角生态绿色一体化发展示范区推出的第二批公共服务项目清单,共 13 条,涵盖卫生健康、医疗保障、教育、养老、政务服务、综合应用等六大领域,其中新增 10

---

① 《武海峰出席 2022 长三角 G60 科创走廊会议并发言》,载安徽省科学技术厅(安徽省外国专家局)网,http://kjt.ah.gov.cn/kjzx/ztzl/wmcj/cjhd/121318531.html,2023 年 4 月 13 日最后访问。

② 《长三角示范区创新经验再次向全国复制推广》,载浙江省人民政府网,https://www.zj.gov.cn/art/2022/1/4/art_1229278447_59182170.html,2023 年 4 月 13 日最后访问。

项、迭代更新 3 项,为上海市青浦区、江苏省苏州市吴江区、浙江省嘉兴市嘉善县三地居民带来便利。清单内容具体包括医疗机构检验检查报告互认、异地就医结算全域免备案、异地医保基金联审互查、不动产登记跨省通办、"跨省通办"综合受理服务和社保卡"一卡通"。①

2022 年 1 月 18 日,在长三角数据共享开放区域组成立大会暨 2022 年长三角"一网通办"专题会议上,长三角生态绿色一体化发展示范区执委会与上海市大数据中心、江苏省大数据管理中心、浙江省大数据发展局正式签订了《长三角生态绿色一体化发展示范区公共数据"无差别"共享合作协议》。该协议主要包括总体原则、工作目标、具体任务、保障机制等 4 个部分内容,重点明确了共建数据共享交换机制、共推跨域一体化应用、共编跨域公共数据标准等三大任务。②

2022 年 2 月 25 日,长三角生态绿色一体化发展示范区执委会、示范区开发者联盟与青浦区、吴江区、嘉善县两区一县共同举办 2022 年示范区开发者联盟重大项目对接会。包括中国三峡集团、长三角一体化示范区新发展建设有限公司(长三角一体化示范区水乡客厅开发建设有限公司)、华为技术有限公司等在内的联盟成员单位与长三角生态绿色一体化发展示范区先行启动区五镇(西塘镇、姚庄镇、金泽镇、朱家角镇、黎里镇)进行集中项目对接,现场签约 6 个项目。③

2022 年 3 月 16 日,江苏省苏州市吴江区市场监督管理局、上海市

---

① 《长三角一体化示范区推进 13 项公共服务跨省共享》,载中华人民共和国中央人民政府网,http://www.gov.cn/xinwen/2022-01/11/content_5667578.htm,2023 年 4 月 13 日最后访问。

② 《长三角数据一体化的示范区"样本"》,载中华人民共和国国家发展和改革委员会网,https://www.ndrc.gov.cn/xwdt/ztzl/cjsjyth1/xwzx/202202/t20220225_1316925.html,2023 年 4 月 13 日最后访问。

③ 《长三角示范区开发者联盟重大项目对接会举行》,载中华人民共和国国家发展和改革委员会网,https://so.ndrc.gov.cn/s? qt=%E9%95%BF%E4%B8%89%E8%A7%92&siteCode=bm04000007&tab=all&toolsStatus=1,2023 年 4 月 13 日最后访问。

青浦区市场监督管理局、浙江省嘉兴市嘉善县市场监督管理局联合印发《关于长三角生态绿色一体化发展示范区市场监督管理部门对轻微违法行为实施包容审慎监管的指导意见》，规定了 25 项轻微违法行为不予行政处罚情形。①

2022 年 4 月 13 日，长三角生态绿色一体化发展示范区中的上海市青浦区、江苏省苏州市吴江区、浙江省嘉兴市嘉善县三地组织部门联合制定"示范区基层党组织建立疫情联防联控五项互助协作机制"，包括跨界联合行动机制、信息实时共享机制、资源互助调配机制、防控经验共享机制、节日联合倡导机制。以党建推动疫情联防联控，长三角生态绿色一体化发展示范区早有基础。此前，示范区形成了一体化党建工作创新发展体系，并出台了《关于以提升组织力为重点推进长三角生态绿色一体化发展示范区党建高质量创新发展的意见》等。②

2022 年 5 月 26 日，长三角生态绿色一体化发展示范区理事会举行第六次全体会议，会议审议并原则通过《长三角生态绿色一体化发展示范区碳达峰实施方案》，要求到 2025 年力争示范区能耗强度较 2020 年降低 15% 左右、碳排放强度较 2020 年下降 20% 以上，并部署了重点片区集中引领、重点领域分类示范、绿色低碳政策赋能、绿色低碳技术支撑等四大行动。③

---

① 《关于印发〈长三角生态绿色一体化发展示范区市场监督管理部门对轻微违法行为实施包容审慎监管的指导意见〉的通知》，载苏州市人民政府网，https://www.suzhou.gov.cn/szsrmzf/zdlyscgzbz/202203/7c8b9611ac0b43b1809aa4aae4d6ae77.shtml，2023 年 4 月 13 日最后访问。

② 《长三角生态绿色一体化发展示范区建立防疫五项协作机制》，载上海市人民政府合作交流办公室网，http://hzjl.sh.gov.cn/n1315/20220420/8c0a1f7bead341449b0dfb410b71227c.html，2023 年 4 月 13 日最后访问。

③ 《长三角一体化示范区通过碳达峰实施方案》，载中华人民共和国国家发展和改革委员会网，https://www.ndrc.gov.cn/xwdt/ztzl/cjsjyth1/xwzx/202207/t20220703_1330027.html，2023 年 4 月 13 日最后访问。

2022年6月14日,长三角生态绿色一体化发展示范区税收司法精诚共治联席会议召开。上海市青浦区、江苏省苏州市吴江区、浙江省嘉兴市嘉善县三地税务局、法院、检察院领导,相关部门负责人和律师代表等以视频形式参加会议。会上,三地税、法、检共同签署并发布《建立长三角生态绿色一体化发展示范区破产案件涉税协作机制优化营商环境的实施意见》(以下简称《实施意见》),就破产案件涉税处置等工作建立合作机制。《实施意见》的签订让三地税、法、检信息共享渠道更畅通,涉税事项流程更优化,税费债权受偿更有保障,有效地加强了破产企业涉税风险防范,规范欠税核销,对充分释放协同共治效能、营造良好营商环境具有重要意义。①

2022年7月7日,江苏省苏州市吴江区司法局牵头上海市青浦区司法局、浙江省嘉兴市嘉善县司法局共同出台《长三角生态绿色一体化发展示范区行政执法案卷评查办法》。三地立足行政执法协同制度构建,以常态化执法案卷评查为关键切入口,在《长三角生态绿色一体化发展示范区行政处罚案卷质量标准(试行)》和《长三角生态绿色一体化发展示范区普通程序行政处罚案卷评查标准(试行)》的基础上,结合示范区工作经验和各条线领域具体实践,借鉴省内外特色亮点做法,多次线上交流磋商、深入调研分析,充分论证评查办法制定的必要性和可行性,实现评查尺度、评分要素、评查方案统一。②

2022年7月9日,长三角生态绿色一体化发展示范区执委会联合中国人民银行上海总部等相关部门印发《示范区数字人民币2022年

---

① 《建立示范区破产案件涉税协作机制》,载人民融媒体百度官方账号,https://baijiahao.baidu.com/s? id=1736375976306828716&wfr=spider&for=pc,2023年4月13日最后访问。

② 《青吴嘉三地联合出台全国首个区域一体化行政执法案卷评查办法》,载江苏省司法厅　江苏政府法制网,http://sft.jiangsu.gov.cn/art/2022/7/7/art_48513_10532302.html,2023年4月13日最后访问。

试点工作安排》,明确了示范区2022年数字人民币创新试点工作场景及任务分工。根据安排,2022年,示范区将着力推进跨区域信用就医、特色数字乡村、特色金融服务等9项数字人民币应用场景落地。2021年,示范区数字人民币试点工作推进了9项跨区域创新场景落地,在跨区域科技创新券、跨区域税费缴纳、跨区域公共交通、跨区域公共支付等方面打造了一批亮点项目,有效地验证了数字人民币在跨区域场景中的理论可靠性、系统稳定性、功能可用性和风险可控性。2022年,长三角生态绿色一体化发展示范区将围绕"进一步探索创新应用场景""持续深化特色应用场景"和"推进创新试点成果集成展示"3个方面,着力打造"9+3+1"项试点场景落地。①

2022年7月13日,2022年长三角生态绿色一体化发展示范区数据中心集群开发者大会暨首届示范区全链接大会在浙江省嘉兴市嘉善县举办。会上,长三角一体化数据中心集群项目集体签约。项目包括中国电信长三角国家枢纽节点算力调度平台和直连网络建设项目、中国移动长三角(上海)5G生态谷数据中心、优刻得青浦数据中心、中国移动长三角(苏州)云计算中心、中国电信长三角一体化算力枢纽(吴江节点)工程、阿里巴巴长三角智能计算基地等,涉及总投资规模超230亿元,预计建成后数据中心总机架规模将达10万架。②

2022年7月20日,上海市青浦区、江苏省苏州市吴江、浙江省嘉兴市嘉善县三地检察机关在线签署《长三角生态绿色一体化发展示范区检察机关公益诉讼生态环境损害赔偿与联合基地工作意见》(以

---

① 《今年内9项数字人民币应用场景将在长三角示范区落地》,载浙江省人民政府网,https://www.zj.gov.cn/art/2022/7/11/art_1229278447_59725680.html,2023年4月13日最后访问。

② 《"东数西算"推进情况(第37期):2022年长三角生态绿色一体化发展示范区数据中心集群开发者大会顺利举行》,载中华人民共和国国家发展和改革委员会网,https://www.ndrc.gov.cn/xwdt/ztzl/dsxs/gzdt5/202207/t20220728_1332148.html? code=&state=123,2023年4月13日最后访问。

下简称《意见》)。《意见》提出，通过在上海市青浦区、江苏省苏州市吴江区、浙江省嘉兴市嘉善县探索共建联合生态修复基地、专家库等举措，构建示范区责任明确、途径畅通、技术规范、保障有力、赔偿到位、修复有效的生态环境损害赔偿制度，打造生态环境损害赔偿和修复的示范样本。同时，《意见》明确要强化数字赋能和示范区一体化检察协作，运用大数据监督，助力示范区检察工作高质量发展。①

2022 年 7 月 28 日，长三角生态绿色一体化发展示范区执行委员会会同上海市知识产权局、江苏省知识产权局、浙江省知识产权局联合制定出台《长三角生态绿色一体化发展示范区知识产权保护联动协作办法》(以下简称《办法》)。《办法》共 6 章 21 条，聚焦跨省域知识产权保护关键环节，重点围绕知识产权行政管理、知识产权联动服务、联动执法、宣传培训等方面做出相关规定。②

2022 年 7 月 29 日，长三角生态绿色一体化发展示范区执委会会同沪、浙、苏两省一市工信、通信管理部门联合印发《关于在长三角生态绿色一体化发展示范区加快数字经济发展推进先行先试的若干举措》，从 5 个方面推出 20 条举措，共同推进示范区数字经济领域创新举措率先落地，加快推动示范区产业数字化和数字产业化，以应用场景牵引技术创新，培育数字经济新技术、新业态和新模式，打造数字化转型发展先行区。③

2022 年 8 月 12 日，上海市人民政府、江苏省人民政府、浙江省人

---

① 《美丽长三角|长三角首次! 青吴嘉三地将联合创设生态修复基地》，载上海市生态环境局网，https://sthj.sh.gov.cn/hbzhywpt6023/hbzhywpt6200/hbzhywpt6176/20220926/b0742de0cedd4468495a63fc60e16cc07.html，2023 年 4 月 13 日最后访问。

② 《〈长三角生态绿色一体化发展示范区知识产权保护联动协作办法〉出台》，载江苏省知识产权局网，http://zscqj.jiangsu.gov.cn/art/2022/7/28/art_75877_10555850.html，2023 年 4 月 13 日最后访问。

③ 《20 条举措为一体化示范区数字经济助力》，载浙江省人民政府网，https://www.zj.gov.cn/art/2022/7/28/art_1229278451_59731957.html，2023 年 4 月 13 日最后访问。

民政府印发《关于进一步支持长三角生态绿色一体化发展示范区高质量发展的若干政策措施》。文件支持政策主要有十大方面,包括科技创新赋能、存量资产盘活、人才合理流动、教育协同发展等,是示范区发布的第二批政策措施。[①] 早在2020年7月,沪、苏、浙两省一市人民政府联合制定出台了第一批支持示范区高质量发展的政策措施。[②]

2022年8月19日,上海市生态环境局、江苏省生态环境厅、浙江省生态环境厅、长三角生态绿色一体化发展示范区执行委员会联合印发了《长三角生态绿色一体化发展示范区生态环境第三方治理服务平台建设实施方案》,服务平台围绕打破市场壁垒、搭建供需桥梁、加强引导监督,探索生态环境第三方治理市场要素自由流通、市场良性催化、政府搭台—协会支撑—行业自律规范等市场化路径,率先探索在示范区先行先试。[③]

2022年9月27日,上海市生态环境局、江苏省生态环境厅、浙江省生态环境厅、长三角生态绿色一体化发展示范区执行委员会联合印发了《建立完善长三角生态绿色一体化发展示范区跨界饮用水水源地共同决策、联合保护和一体管控机制》,从完善水源地保护协作机制、加强跨界水源地联保共治、推进监控预警能力建设、健全信息共享机制、深化应急联动机制、推动建立生态保护补偿机制、共同打击环境违

---

① 《沪苏浙联合发布17条政策措施支持长三角示范区高质量发展》,载中华人民共和国中央人民政府网,http://www.gov.cn/xinwen/2022−09/15/content_5710083.htm,2023年4月13日最后访问。

② 《关于进一步支持长三角生态绿色一体化发展示范区高质量发展的若干政策措施》,载中环网,https://www.epzhw.com/zhengce/difang/768113171906584576.html,2023年4月13日最后访问。

③ 《关于印发〈长三角生态绿色一体化发展示范区生态环境第三方治理服务平台建设实施方案〉的通知》,载上海市生态环境局网,https://sthj.sh.gov.cn/hbzhywpt2025/20220829/345a2c6016f14561a2c2cc586e048046.html,2023年4月13日最后访问。

法等方面加大示范区跨界饮用水水源地生态环境保护力度。①

2022年10月31日,浙江省生态环境厅会同上海市生态环境局、江苏省生态环境厅和长三角生态绿色一体化发展示范区执委会联合印发了《长三角生态绿色一体化发展示范区生态环境准入清单》,以加强示范区"三线一单"生态环境分区管控制度的实施和落地应用,拟指导示范区各地各部门和企事业单位有关政策制定、规划编制、区域开发、招商引资、项目建设、日常监管等工作,实现以清单管理促效能、促转型,引导和推动示范区高质量发展。②

2022年10月31日,长三角生态绿色一体化发展示范区执行委员会联合上海市青浦区人民政府、江苏省苏州市吴江区人民政府、浙江省嘉兴市嘉善县人民政府建立全国首个区域一体化行政执法协同机制。长三角生态绿色一体化发展示范区执委会联合两区一县人民政府出台《长三角生态绿色一体化发展示范区行政执法协同指导意见》《长三角生态绿色一体化发展示范区行政执法协同实施办法》,明确案件管辖移送、争议解决、证据互认、责任承担等基本规则,提升行政执法效能,是国内首个区域一体化行政执法协同创新成果。③

2022年11月2日,上海市城市管理行政执法局印发《长三角生态绿色一体化发展示范区跨省毗邻区域城管执法协作指导意见(试

---

① 《关于建立完善长三角生态绿色一体化发展示范区 跨界饮用水水源地共同决策、联合保护和一体管控机制的通知》,载上海市生态环境局网,https://sthj.sh.gov.cn/hbzhywpt2025/20220929/5d59bbfaf85447108733725a9d7d60ad.html,2023年4月13日最后访问。

② 《浙江省生态环境厅 上海市生态环境局 江苏省生态环境厅 长三角生态绿色一体化发展示范区执委会关于印发长三角生态绿色一体化发展示范区生态环境准入清单的通知》,载上海市生态环境局网,https://sthj.sh.gov.cn/hbzhywpt2022/20221107/fd3c6aed60304e5c98d99bda35cbfe05.html,2023年4月13日最后访问。

③ 《长三角一体化示范区建立全国首个区域一体化行政执法协同机制》,载嘉兴市司法局(行政复议局)网,http://sfj.jiaxing.gov.cn/art/2022/10/31/art_1229633226_58925011.html,2023年4月13日最后访问。

行）》。主要任务和措施是选定执法协作示范点、列出共同管辖事项清单、搭建跨区域执法协作平台、明确案件线索和证据移送标准、完善调查取证协助机制、建立执法结果互认与执行机制。同时，印发了《长三角生态绿色一体化发展示范区跨省毗邻区域城管执法协作规定（试行）》，对示范区内上海市、江苏省、浙江省省际毗邻区域各级城管执法部门执法协作工作细节要求予以明确。①

2022 年 11 月 9 日，浙江省市场监督管理局会同上海市市场监督管理局、江苏省市场监督管理局和安徽省市场监管局在浙江省嘉兴市召开长三角区域地方标准立项论证评估会。由浙江省人力资源和社会保障厅、上海市人力资源和社会保障局、江苏省人力资源和社会保障厅作为提出单位，浙江省嘉兴市人力资源和社会保障局和嘉善县人力资源和社会保障局、上海市青浦区人力资源和社会保障局、江苏省苏州市吴江区人力资源和社会保障局起草的《长三角生态绿色一体化发展示范区劳动争议调解仲裁协同处置服务要求》成功通过立项论证。作为长三角区域首个劳动仲裁标准，该服务要求的成功立项将获得社会效应和经济效应，该工作也列入了上海市、江苏省、浙江省联合发布的《关于支持长三角生态绿色一体化发展示范区高质量发展的若干政策措施》。这将进一步提高长三角区域劳动争议案件处理效能和结果一致性，促进劳动力资源要素顺畅流动，激发市场经济活力，提升长三角区域群众和企业的满意度、获得感。②

---

① 《关于印发〈长三角生态绿色一体化发展示范区跨省毗邻区域城管执法协作指导意见（试行）〉〈长三角生态绿色一体化发展示范区跨省毗邻区域城管执法协作规定（试行）〉的通知》，载上海市城市管理行政执法局网，http://cgzf.sh.gov.cn/channel_4/20221111/3187ad4a8dcd442380162b3095a9676b.html，2023 年 4 月 13 日最后访问。

② 《嘉兴:首个长三角区域劳动仲裁标准顺利通过立项论证》，载浙江省人力资源和社会保障厅网，http://rlsbt.zj.gov.cn/art/2022/11/15/art_1450605_58931997.html，2023 年 4 月 13 日最后访问。

2022 年 11 月 27 日，长三角生态绿色一体化发展示范区执委会会同两区一县（上海市青浦区、江苏省苏州市吴江区、浙江省嘉兴市嘉善县）人民政府联合印发了全国首个跨省《长三角生态绿色一体化发展示范区共同富裕实施方案》，在经济高质量发展、生态文明共建、区域城乡融合、居民增收共促、公共服务优质共享、社会整体智治等 6 个领域设置了 26 项指标，预计到 2025 年人均生产总值达到 15 万元，城乡居民收入倍差≤1.8，居民人均可支配收入达到 8 万元，PM2.5 浓度≤35 微克/立方米，重要江河湖泊水功能达标率≥95％。①

2022 年 11 月，位于沪、苏、浙交界处的长三角生态绿色一体化发展示范区发布了《长三角生态绿色一体化发展示范区碳达峰、碳中和工作的实施方案》和《水乡客厅近零碳专项规划》。示范区执委会相关负责人指出，示范区的碳达峰、碳中和工作是落实长三角一体化发展国家战略的重要抓手，相关方案旨在为探索一体协同落实碳达峰目标提供可复制可推广的经验，为落实跨域协调发展和"双碳"目标提供有力支撑。②

2022 年 12 月 20 日，上海市、江苏省、浙江省的人力资源和社会保障部门联合对长三角生态绿色一体化发展示范区（上海市青浦区、江苏省苏州市吴江区、浙江省嘉兴市嘉善县）内 326 户制造业企业、9.88 万从业人员的 2021 年工资性收入数据进行分析，共同研究形成《2022

---

① 《长三角生态绿色一体化发展示范区共同富裕实施方案出炉》，载中华人民共和国国家发展和改革委员会网，https://www.ndrc.gov.cn/xwdt/ztzl/cjsjyth1/xwzx/202212/t20221229_1344583.html，2023 年 4 月 13 日最后访问。
② 《长三角地区打造跨域低碳发展样本》，载中华人民共和国财政部网，http://xj.mof.gov.cn/zt/jianguanshixiang/202211/t20221129_3854138.htm，2023 年 4 月 13 日最后访问。

年长三角一体化示范区制造业企业市场工资价位》,并联合向社会发布。①

2022年12月12日,上海市青浦区人力资源和社会保障局发布《关于印发〈长三角(青浦)数字人力资源产业高质量发展的实施意见〉的通知》,该实施意见重点从发展各类人力资源服务机构、建设人力资源产业园、推进人力资源服务业数字化发展等方面构建长三角(青浦)人力资源产业体系,助力青浦区新时代高水平人才高地建设。②

2023年1月9日,上海市青浦区举行"赋能长三角·共创大未来"——2023年重大项目建设暨西岑科创中心启动仪式。西岑科创中心、上达河中央公园、华新镇凤溪社区城中村改造等一批重点项目启动。青浦区共计有36个重点项目将在第一季度内开工,总投资约608亿元。早在2021年5月13日,长三角生态绿色一体化发展示范区执委会召开新闻发布会发布《长三角生态绿色一体化发展示范区重大建设项目三年行动计划(2021—2023年)》,其中确定以水乡客厅、青浦西岑科创中心、吴江高铁新城、嘉善祥符荡创新中心"一厅三片区"为集中示范项目,目前这些重点项目均在有序推进中。③

2023年1月12日,长三角绿色生态一体化发展示范区执委会联合两省一市(沪、苏、浙)三级八方相关部门编印发布了《示范区生态环境一体化保护典型案例》,共收集整理了示范区3年来在加强联保共

---

① 《上海、江苏、浙江人力资源和社会保障部门联合发布2022年长三角一体化示范区制造业企业市场工资价位》,载浙江省人力资源和社会保障厅网,http://rlsbt.zj.gov.cn/art/2022/12/20/art_1389547_58932975.html,2023年4月13日最后访问。

② 《青浦区人力资源和社会保障局关于印发〈长三角(青浦)数字人力资源产业高质量发展的实施意见〉的通知》,载上海市人民政府网,https://www.shanghai.gov.cn/nw12344/20221213/b398c967cc0c4e2f9dede97b26daef3f.html,2023年4月13日最后访问。

③ 《长三角一体化发展不断取得新成效》,载中华人民共和国中央人民政府网,http://www.gov.cn/xinwen/2022-09/19/content_5710557.htm,2023年4月13日最后访问。

治、夯实生态基底、推动绿色发展 3 个方面的 22 项制度创新成果和 46 个典型案例(应用场景),全方位展示三级八方生态环境、水利(务)等部门打破行政藩篱、求同存异,充分发挥各地优势和成功经验,共同探索跨区域生态环境一体化保护制度创新的实践成果。①

(三)长三角地方政府其他领域合(协)作

2022 年 2 月 25 日,长三角区域中药饮片炮规共享互认工作座谈会在安徽省绩溪县召开。为落实《长三角地区药品科学监管与创新发展一体化建设合作备忘录》要求,推动长三角区域中药饮片炮规共享互认工作,会议进一步指出长三角地区推进中药饮片炮制规范共享互认工作具有重大现实意义,明确了下一步将按照满足中医临床需求、遵循中医药传统理论、先易后难的思路推进标准统一和共享互认工作。②

2022 年 11 月 17 日,数字经济赋能非物质文化遗产联盟大会在安徽省合肥市召开。会上,安徽新华发行集团下属子公司安徽省新龙图贸易进出口有限公司分别与安徽省文化产权交易所、安徽省非物质文化遗产保护中心签订战略合作仪式,就发挥非遗文化产业在数字经济时代中的作用、数字与非遗共融共生、数字非遗与文旅融合发展等话题深入交流,探索打造更高层次的开放协同创新合作平台。③

---

① 《长三角示范区发布生态环境一体化保护典型案例》,载浙江省人民政府网,https://www.zj.gov.cn/art/2023/1/12/art_1229278447_60026947.html,2023 年 4 月 13 日最后访问。

② 《长三角区域中药饮片炮规共享互认工作座谈会在绩溪召开》,载信用中国(安徽)网,https://credit.ah.gov.cn/buzhanshilanmu/zhongdianlingyu/gongzuodongtai1554650132745134082/667446.html,2023 年 4 月 13 日最后访问。

③ 《数字经济赋能非物质文化遗产联盟大会在合肥召开》,载新华网,http://www.ah.xinhuanet.com/2022-11/18/c_1129139979.htm,2023 年 4 月 13 日最后访问。

2022 年 10 月 11 日，长三角区域卫星导航定位基准服务系统互联互通与协同服务项目通过专家组验收。该项目的完成，打破了卫星定位服务地域壁垒，实现了长三角地区三省一市卫星定位基准服务系统的互联互通，让用户"一地注册开通、全域享受服务"，促进了测绘基准服务跨区域合作，为长三角一体化发展提供了高效便捷的测绘基准服务和精准可靠的测绘基准支撑。该项目由江苏省自然资源厅牵头组织，上海市、浙江省、安徽省三地省级自然资源主管部门共同参与，江苏省测绘工程院具体实施。作为全国卫星导航定位基准服务"一张网"示范试点项目，该项目为全国"一张网"建设积累了经验，探索了方法。[①]

2022 年 12 月 16 日，2022 长三角高新视听博览会在江苏省南京市举办，长三角广播电视和网络视听区域合作签约仪式同期举行。现场还举行了"江苏省广播电视和网络视听产业基地"授牌、"长三角视听版权联盟"揭牌仪式，以及《长三角广播电视媒体深度融合合作协议》《长三角（盐城）数字视听产业基地共建协议》的签署仪式。[②]

---

① 《长三角区域卫星导航定位基准服务系统实现互联互通》，载中华人民共和国自然资源部网，https://www.mnr.gov.cn/dt/ch/202210/t20221011_2761592.html，2023 年 4 月 13 日最后访问。

② 《长三角深化广播电视和网络视听区域合作》，载江苏省人民政府网，http://www.jiangsu.gov.cn/art/2022/12/17/art_84322_10709172.html，2023 年 4 月 13 日最后访问。

五、长三角法治一体化发展中的
司法机关、监察机关

(一)长三角法治发展中的法院协作

1.高级人民法院层面

为深入贯彻落实《优化营商环境条例》《长江三角洲区域一体化发展规划纲要》,2022 年 10 月 10 日,上海市高级人民法院召开新闻发布会,发布上海法院服务保障长江经济带发展、长三角区域一体化发展工作报告和典型案例。此次发布的典型案例分为审判案例、工作案例两类。在 10 个审判案例中,有 4 个与生态环境资源保护相关,涉及大气污染、长江禁渔、非法采砂等方面,案件类型包括了环境公益诉讼、刑事附带民事赔偿、行政诉讼等,体现了依法惩治生态违法行为、支持行政机关履行生态行政执法职能、预防性、恢复性司法和多元共治的裁判理念。①

---

① 《上海高院发布服务保障长江经济带发展、长三角区域一体化发展工作报告》,载上海市高级人民法院网,http://www. hshfy. sh. cn/shfy/web/xxnr. jsp? pa＝aaWQ9MTAyMDI2OTUwOCZ4aD0xJmxtZG09bG0xNzEzPdcssz&-zd＝xwxx,2023 年 4 月 13 日最后访问。

2022 年 11 月 29 日,首届新安江—千岛湖流域环境资源司法协作会议在浙江省杭州市淳安县召开。浙江省、安徽省两省高级人民法院,杭州市、黄山市两市中级人民法院,以及流域范围内 8 家基层法院共同建立新安江—千岛湖流域环境资源司法保护跨省协作机制,牵手形成保护一江秀水的上下游司法协作合力。根据协作机制达成共识,浙、皖两地法院将以坚持服务大局、多赢共赢、共建共享、高效务实为理念与原则,坚持"同饮一江水,共抓大保护"。以坚持服务长三角一体化发展为原则,在"绿水青山就是金山银山"的共同发展理念指导下,打破行政区域限制,确保流域人民群众的生态权益。以跨域数字化平台为依托,深入探索两地法院信息资源共享机制,通过推动构建两地一体化协同办案体系,为两地人民提供一站式、无差别、同质化的司法服务。以常态化机制为抓手,共同成立环境资源司法保护协作领导小组,按年度轮值召集会议,每两年举办一次司法论坛,谋划部署司法协作重点。会上还发布了新安江—千岛湖流域环境资源司法协作典型案例。①

2.中级人民法院层面

2022 年 1 月 11 日,由上海海事法院牵头,上海市及南京市、宁波市、武汉市的 4 家海事法院的 10 个派出法庭的党支部签署了《长三角海事法庭党建联盟合作协议》,这是深化落实 2021 年 4 家海事法院签署的《长三角海事司法合作协议》的具体举措,标志着长三角海事法庭党建共建工作在常态化、制度化和规范化方向上迈出了新的步伐。长

---

① 《浙皖两省司法协作强化新安江流域大保护》,载中国法院网,https://www.chinacourt.org/article/detail/2022/11/id/7042992.shtml,2023 年 4 月 13 日最后访问。

三角海事法庭党建联盟旨在通过共育联盟品牌、共研审执主业、共享信息资源、共建交流机制等合作举措,切实加强长三角海事法庭党组织交流合作,夯实长三角海事司法合作基层基础,充分发挥党建引领作用,实现共建、共创、共享、共赢的良好局面,为长三角一体化更高质量发展提供有力海事司法保障。[①]

2022 年 6 月 14 日,安徽省阜阳市中级人民法院与江苏省苏州市中级人民法院在苏州市中级人民法院签订司法协作协议。根据此次签订的司法协作协议,两地法院将聚焦长三角一体化发展战略,在诉讼服务、审判执行、常态化交流等方面开展深入合作。[②]

2022 年 8 月 22 日,浙江省杭州市中级人民法院与江苏省苏州市中级人民法院共同签订司法协作框架协议。按照合作协议,两地法院将创新协作形式、拓展协作平台、深化协作交流,通过构建审判事务协作、跨域诉讼服务协作、法治化营商环境协同保护等 10 项工作机制,充分发挥两地司法资源优势,协同推进审判能力提升和审判体系现代化建设,共同深化高质量司法实践,努力为长三角一体化发展提供更加有力的司法服务。座谈会上,两地法院还就优化法治化营商环境工作进行了深入交流。[③]

2022 年 12 月 15 日,苏州市中级人民法院、无锡市中级人民法院、常州市中级人民法院、南通市中级人民法院共同签署《苏锡常通人民法院知识产权司法保护协作框架协议》。该协议提出,四地法院重点

---

① 《上海海事法院学习贯彻六中全会精神,积极搭建长三角海事法庭党建联盟》,载中华人民共和国上海海事法院网,https://m.shhsfy.gov.cn/hsfyytwx/hsfyytwx/fywh1535/jgdj1536/2022/01/14/09b080ba7e1e1131017f2ff63b8b17db.html,2023 年 4 月 13 日最后访问。

② 《阜阳中院与苏州中院签订司法协作协议》,载安徽省阜阳市中级人民法院网,http://fyzy.ahcourt.gov.cn/article/detail/2022/06/id/6742177.shtml,2023 年 4 月 13 日最后访问。

③ 《苏杭联手保障长三角一体化!杭州中院与苏州中院签署司法协作框架协议》,载杭州中院公众号,https://mp.weixin.qq.com/s/Bi1S_tW2V8zXI6kGTgC68A,2023 年 4 月 13 日最后访问。

聚焦知识产权司法协作对苏锡常通大运河文化带建设的支撑力，助力打造长三角区域科技创新共同体，在建立知识产权保护会商联动机制、知识产权诉讼服务协作机制、知识产权保护资源信息共享机制、知识产权审判促进提升机制、知识产权大保护同频共振机制、知识产权信用联合评价机制、知识产权司法宣传融通机制、知识产权审判队伍锻造机制等 8 个方面加强协作，共同构建知识产权大保护工作格局。①

2022 年 7 月 20 日，以"金融司法功能的探索与创新"为主题的首届长三角金融司法论坛在上海金融法院举办。本次论坛发布了首批长三角金融审判十大典型案例。本次论坛是上海金融法院进一步落实合作协议、促进长三角金融裁判标准统一、服务保障长三角一体化发展重大国家战略的又一务实举措。2021 年 11 月，上海金融法院、江苏省南京市中级人民法院、浙江省杭州市中级人民法院、安徽省合肥市中级人民法院、江苏省苏州市中级人民法院等 5 家地处长三角一体化发展核心区域的中级人民法院共同签署《长三角区域金融司法合作协议》，搭建了长三角区域金融司法合作框架，为助力区域经济健康发展做出了积极的贡献。长三角区域金融司法相关部门要进一步发挥好金融司法职能作用，提升服务大局意识，优化长三角金融司法服务保障效能。②

2022 年 11 月 8 日，为深入推进长三角一体化司法协作，浙江省嘉

---

① 《加强区域司法协作　凝聚知识产权保护合力 | 苏锡常通四地中院签署知识产权司法保护协作框架协议 省法院党组成员、副院长刘嬡珍出席》，载苏州市中级人民法院公众号，https://mp.weixin.qq.com/s?＿biz＝MzIyMTQwMTU4Ng＝＝&mid＝2247557789&idx＝1&sn＝0c88b40c8186d5e303c30dc77993b582&chksm＝e83efa00df4973160a71fc858081dc381c562bceec733ce7edf0b077054c3ab57398d96e2004&scene＝27，2023 年 4 月 13 日最后访问。

② 《为长三角一体化发展提供更高水平金融法治保障　首届长三角金融司法论坛在上海金融法院举行》，载中华人民共和国最高人民法院网，https://www.court.gov.cn/zixun－xiangqing－366571.html，2023 年 4 月 13 日最后访问。

兴市中级人民法院、上海市第二中级人民法院、江苏省苏州市中级人民法院共同在线举行跨域专业法官联席会议机制建设推进会暨长三角跨域审判资源协同平台启动仪式。浙江省嘉兴市中级人民法院、上海市第二中级人民法院、江苏省苏州市中级人民法院有关负责人出席活动并讲话。会上,三地中院院长在线会签《长三角跨域专业法官联席会议工作指引》,并共同启动"长三角跨域审判资源协同平台"。2020年以来,三地中院签署《推动长三角一体化发展司法协作框架协议》,在诉讼服务、审判执行、交流合作等领域逐步建立协作机制,先后开展各类交流活动和案件讨论70余次,长三角一体化司法协作蹄疾步稳、破浪前行,取得了令人欣喜的成果,得到最高人民法院的充分肯定。① 在《长三角跨域专业法官联席会议工作指引》指导下,2022年11月9日,浙江省嘉兴市嘉善县人民法院、浙江省湖州市南太湖新区人民法院、上海市青浦区人民法院、上海市金山区人民法院、江苏省苏州市吴江区人民法院、江苏省苏州市姑苏区法院在云端相聚,依托长三角跨域审判资源协同平台,召开跨域环境资源专业法官联席会议。②

2022年12月2日,上海海事法院牵头举办的首届长三角海事法庭庭长论坛通过线上方式成功召开。首届长三角海事法庭庭长论坛是上海海事法院继举办首届长三角海事司法论坛、牵头成立长三角海事法庭党建联盟后,深入落实《长三角海事司法合作协议》的又一有力举措。2021年11月4日,首届长三角海事司法论坛暨《长三角海事司法合作协议》签约活动在上海海事法院举行。会上,上海市、南京市、

---

① 《长三角跨域审判资源协同平台,上线!》,载中共嘉兴市委 嘉兴市人民政府网,https://www.jiaxing.gov.cn/art/2022/11/9/art_1592154_59558012.html,2023年4月13日最后访问。

② 《沪苏浙法院线上开会 聚焦跨域案件协同审理》,载浙江省嘉善县人民法院网,http://jiashancourt.gov.cn/art/2022/12/5/art_1214241_58701424.html,2023年4月13日最后访问。

宁波市、武汉市四地的海事法院签署了《长三角海事司法合作协议》，与会领导共同开通了"长三角海事司法合作交流平台"。长三角海事法庭庭长论坛作为常态化、专业化交流平台，有利于进一步深化长三角地区"海事共同体"的沟通协作，为跨域调研、业务联动、协商共治奠定基础，为长三角一体化高质量发展提供更有力的海事司法服务和保障。①

3.基层人民法院层面

2022年1月11日，上海海事法院洋山深水港派出法庭(自贸区法庭)、长兴岛派出法庭，南京海事法院苏州法庭、泰州法庭、南通法庭、连云港法庭，宁波海事法院自贸区海事法庭、台州法庭、温州法庭，武汉海事法院芜湖法庭的10个党支部通过视频连线方式召开会议，会上签订《长三角海事法庭党建联盟合作协议》。②

2022年5月10日，由浙江省长兴县人民法院、安吉县人民法院和安徽省广德市人民法院跨省联建的"共享法庭"长三角(湖州)产业合作区服务站(以下简称长合区"共享法庭")正式启用。长合区"共享法庭"将以司法服务长合区绿色智造、产城融合、"三生融合"等实际需求，为区域经济一体化高质量发展的高速列车注入法治加速度，进一步加强了两省三地法院全方位、多领域、深层次跨域协作。作为跨域司法协作的直接支点，长合区"共享法庭"借助数字化成果，可有效整

---

① 《首届长三角海事法庭庭长论坛召开　聚焦长三角区域航运经济发展》，载中华人民共和国上海海事法院网，https://shhsfy.gov.cn/hsfyytwx/hsfyytwx/xwzx1340/hfzx1441/2022/12/03/09b080ba84acbd170184dfe8ed0d07a5.html，2023年4月13日最后访问。

② 《上海海事法院学习贯彻六中全会精神，积极搭建长三角海事法庭党建联盟》，载中华人民共和国上海海事法院网，https://m.shhsfy.gov.cn/hsfyytwx/hsfyytwx/fywh1535/jgdj1536/2022/01/14/09b080ba7e1e1131017f2ff63b8b17db.html，2023年4月13日最后访问。

合三地司法资源,强化跨域司法协作,开展指导调解、网上立案、在线庭审、协助执行、普法宣传、重大项目保障、知识产权保护等工作,及时解决一体化发展中遇到的司法难题。启动仪式上,长兴县、安吉县和广德市三地法院还签署了《司法协作备忘录》,明确了长合区"共享法庭"的协作方式和工作流程,为探索长三角法治一体化提供新样本。①

2022年6月15日,安徽省滁州市天长市人民法院与江苏省南京市六合区人民法院经过前期会商,举行司法协作机制签约仪式,两地法院领导参加签约仪式。两地法院共同推进在执法办案、人才培养等方面的深层次协作,为两地司法协作积累经验、提供范例;充分发挥两地司法资源优势,加强资源共享和信息互通,共同促进审判执行等工作能力提升,不断增强人民群众的司法获得感。②

2022年11月8日,上海市青浦区人民法院、江苏省苏州市吴江区人民法院、浙江省嘉兴市嘉善县人民法院在线举行长三角一体化示范区法院司法一体化2022年工作年会。上海市第二中级人民法院、苏州市中级人民法院、嘉兴市中级人民法院,青浦区人民法院、吴江区人民法院、嘉善县人民法院的党组成员及部门负责人参加会议。会上,上海市青浦区、江苏省苏州市吴江区、浙江省嘉兴市嘉善县三地法院领导共同签署了《长三角一体化示范区法院关于构建知识产权保护一体化的协作方案》,将示范区三地法院司法协作触角延伸到知识产权保护领域,建立联合保护机制,推进协同发展,确保知识产权领域司法协作的规范化、常态化、制度化,切实加大长三角知识产权一体化司法

---

① 《长合区"共享法庭"启用》,载浙江法院网,http://www.zjcourt.cn/art/2022/5/12/art_56_26580.html,2023年4月13日最后访问。

② 《天长法院与南京六合法院签订司法协作机制协议》,载安徽省滁州市中级人民法院网,http://chuzhouzy.ahcourt.gov.cn/article/detail/2022/06/id/6750471.shtml,2023年4月13日最后访问。

保护力度。签订《长三角一体化示范区法院司法协同备忘录》,从跨域诉讼服务、审判、执行、智慧法院建设、队伍建设五大方面协同 30 项具体工作,构建推进长三角一体化示范区司法协同机制。这标志着三地法院从战略高度进一步探索全方位、多领域、深层次的司法协作模式。①

2022 年 11 月 9 日,浙江省嘉兴市嘉善县人民法院、浙江省湖州市南太湖新区人民法院、上海市青浦区人民法院、上海市金山区人民法院、江苏省苏州市吴江区人民法院、江苏省苏州市姑苏区法院在云端相聚,依托长三角跨域审判资源协同平台,召开跨域环境资源专业法官联席会议。会上,沪、苏、浙 6 家法院围绕一起污染环境刑事附带民事公益诉讼案件,从造成生态环境损害大小的确定、专家辅助人出庭、生态修复方式、共同侵权中的责任承担及公开赔礼道歉的方式、赔偿款的支付等方面进行了热烈讨论,充分发表各自意见。

(二)长三角法治发展中的检察机关协作

1. 省(市)级检察机关

2022 年 10 月 29 日,上海市生态环境局、上海市人民检察院第三分院、上海市第三中级人民法院、上海联合产权交易所与复旦大学等 5 家单位举行合作签约仪式,共建"双碳"目标法治保障研究基地。会

---

① 《跨域审判资源协同 | 长三角示范区法院 2022 年工作年会召开》,载嘉善法院公众号,https://mp.weixin.qq.com/s?__biz=MzU5MDU1OTEyMQ==&mid=2247522630&idx=1&sn=a11cbfb035cc8158e27e39801821f94d&chksm=fe3ebbb8c94932ae04b36f62f31c96bdf83505b939db950b17336bcab726e68b96b878bd1604&scene=27,2023 年 4 月 13 日最后访问。

上，5 家单位会签了《"双碳"目标法治保障研究基地合作建设协议》，共建"双碳"目标法治保障研究基地。根据协议，各方将把研究基地建设成服务于"双碳"目标的立法、执法、司法理论和实务研究基地，促进法学、气候科学、环境科学、经济学、金融学等多学科深度融合发展，为国内外碳立法、司法、监管、市场、教学和科研等人员搭建高端合作研究平台，培养高层次碳法治人才，将研究基地逐步建设成为具有重要国际影响力的"双碳"法治高端智库。①

2022 年 9 月 18 日，安徽省人民检察院、安徽省市场监督管理局联合印发《关于加强知识产权协同保护的实施意见》。该意见要求，安徽省检察机关和市场监督管理部门要以习近平新时代中国特色社会主义思想为指导，认真贯彻习近平法治思想，全面落实习近平总书记关于知识产权工作的重要指示论述和考察安徽重要讲话指示精神，贯彻落实最高人民检察院、国家知识产权局《关于强化知识产权协同保护的意见》，推动实施安徽省《知识产权强省建设纲要》《"十四五"知识产权发展规划》和《关于强化知识产权保护若干举措》。②

2022 年 12 月 16 日，以"跨区域知识产权保护全面协调可持续发展"为主题的首届虹桥检察论坛在上海虹桥国际中央商务区召开。上海市人民检察院与上海虹桥国际中央商务区管理委员会会签《上海市人民检察院、上海虹桥国际中央商务区管理委员会关于推进虹桥国际中央商务区知识产权保护机制建设战略合作备忘录（2022—2024）》，双方将以保护知识产权促进商务贸易，助力虹桥国际中央商务区打造

---

① 《打造"双碳"法治高端智库》，载无锡市人民检察院网，http://wx.jsjc.gov.cn/tslm/tszs/202212/t20221208_1463581.shtml，2023 年 4 月 13 日最后访问。

② 《省检察院、省市场监督管理局联合出台意见，建设知识产权协同保护体系》，载安徽省人民检察院网，http://www.ah.jcy.gov.cn/gggs/gggs1/202209/t20220918_3832211.shtml，2023 年 4 月 13 日最后访问。

"一核两带"国际开放枢纽为目标,通过充分发挥协调功能与检察职能,形成知识产权专业保护机制,为虹桥国际中央商务区创新发展提供更优质的法治营商环境。虹桥检察论坛是在长三角一体化发展国家战略法治保障和长三角区域检察协作总体框架下,由上海市检察机关发起,面向"一核两带"区域检察机关的服务保障虹桥国际开放枢纽建设中心大局工作的交流研讨平台。

2.市(区)级检察机关

2022 年 3 月 24 日,长三角区域首个跨省社区矫正一体化平台——"嘉昆太"社区矫正与检察监督一体化平台上线,江苏省昆山市、江苏省太仓市、上海市嘉定区三地的司法局、检察院可借由该平台实现三地关联社矫工作网上移送、网上办理、网上监督等功能,完成嘉昆太社交互通"零距离""零时差"。2021 年,昆山市司法局会同嘉定区司法局、太仓市司法局等地出台《嘉昆太协同创新圈社区矫正及检察监督协作实施办法》,明确外出地社区矫正机构的协助监管、协助教育责任,统一经常居住地的认定标准,为协助监管经常性跨市县活动社区矫正对象提供制度依据,为顺利变更执行地扫清制度障碍。三地多次进行平台建设系统研讨,形成《"嘉昆太"社区矫正与检察监督一体化平台的建设方案》,并直至推动平台正式上线运行。①

2022 年 3 月 24 日,安徽省滁州市委副书记、市长吴劲主持召开市政府与市检察院"府检联动"第一次联席会议,审议《关于建立"府检联动"工作机制的实施方案》。工作方案要求要同心协力,在建设法治政

---

① 《监管实时化　昆山市检察院跨省司法一体化平台上线》,载江苏检察网,http://www.jsjc.gov.cn/yaowen/202203/t20220324_1365531.shtml,2023 年 4 月 13 日最后访问。

府上有效联动,要严格执行《滁州市优化营商环境条例》,积极构建涉企案件治理新模式,深化知识产权保护,推进柔性执法司法,审慎适用强制措施,充分保障企业合法权益,全力打造"亭满意"营商环境。①

2022 年 3 月 29 日,安徽省芜湖市"府检联动"第一次联席会议召开。会上审议了《关于建立"府检联动"工作机制的方案》。会议强调了要发挥"府检联动"优势,完善"府检联动"工作机制,明确重点协作项目,开展一批有代表性、具有芜湖特色的专项联动活动。②

2022 年 10 月 31 日,"长三角一体化背景下企业合规司法适用的办案标准体系研讨会"在上海市黄浦区召开。该研讨会由上海市犯罪学会经济犯罪风险防控专业委员会、上海市法学会法学期刊研究会主办,上海市黄浦区人民检察院、上海市奉贤区人民检察院共同承办,江苏省连云港市人民检察院、浙江省余姚市人民检察院协办,共同探讨企业合规案件司法适用标准化、体系化问题。开幕式上,上海市黄浦区人民检察院发布《支付结算合规指引(试行)》。该文件为支付结算企业建立合规管理体系提供了规范对照,有效地降低了企业合规风险和合规成本,增强了企业合规管理的针对性和有效性,助力推动区域核心金融产业高质量发展。③

2022 年 8 月 30 日,上海市嘉定区人民检察院、江苏省昆山市人民检察院、江苏省太仓市人民检察院共同签署《关于高质量推进区域检察协作助力嘉昆太协同创新核心圈建设的意见》。该意见涵盖了协同

---

① 《安徽滁州:深化"依法行政＋检察监督"社会治理新模式》,载安徽省人民检察院网,http://www.ah.jcy.gov.cn/dwjs/dfdt/202203/t20220328_3599995.shtml,2023 年 4 月 13 日最后访问。

② 《池州、芜湖,同日召开"府检联动"会》,载安徽省人民检察院网,http://www.ah.jcy.gov.cn/dwjs/dfdt/202203/t20220331_3609016.shtml,2023 年 4 月 13 日最后访问。

③ 《长三角一体化背景下企业合规司法适用的办案标准体系研讨会在我院召开》,载上海市黄浦区人民检察院网,https://www.sh.jcy.gov.cn/hpjcy/hjxw/88025.jhtml,2023 年 4 月 13 日最后访问。

共建法治化营商环境,互通、交流与共享数据资源,快速响应办案协作,加强知识产权领域司法保护协作,完善社区矫正监督协作机制,强化维稳工作跨区域协作及公益诉讼跨区域检察协作等七大方面协作内容,为高质量推进区域检察协作指明了方向。近年来,嘉、昆、太三地检察院以资源互补为基础,不断深化合作。2018 年,上海市与江苏省苏州市携手共建嘉昆太协同创新核心圈,苏州市、嘉定区签订高质量推进嘉昆太协同创新核心圈建设战略合作框架协议。为服务保障"嘉昆太协同创新核心圈"建设,2019 年,三地检察机关签订了《关于进一步加强区域检察协作的意见》,持续深化区域检察联动,协同推进各项服务保障措施,护航打造长三角一体化协同创新发展示范区。①

2022 年 9 月 7 日,为服务保障长三角 G60 科创走廊国家战略向纵深推进,上海市松江区人民检察院与上海市松江区科创发展办公室签署《关于服务保障长三角 G60 科创走廊建设的协作意见》2.0 版(以下简称《意见》),并发布"检察蓝·护航 G60"六大行动,共同推动长三角 G60 科创走廊国家战略平台更高质量发展。根据《意见》要求,上海市松江区检察院与上海市松江区科创发展办公室将在"优势互补,资源共享,相互促进,共同发展"原则指导下,发挥各自职能作用,深化多领域交流协作,形成强大工作合力,服务保障长三角 G60 科创走廊高质量发展。②

2022 年 12 月 8 日,江苏省苏州市人民检察院联合水利部太湖流域管理局苏州管理局共同举办水行政执法与检察公益诉讼协作机制

---

① 《助推"嘉昆太协同创新核心圈"建设,打造长三角区域检察协作示范样板》,载昆山市人民政府网,http://www.ks.gov.cn/kss/ttxw/202209/24e7ef6eb3e145ca9032d5f475e4eb88.shtml,2023 年 4 月 13 日最后访问。

② 《检察蓝护航 G60! 服务保障长三角 G60 科创走廊建设协作意见 2.0 版签署》,载上海检察公众号,https://mp.weixin.qq.com/s/ZTn3RfUF0IRYgUEp4se7Sw,2023 年 4 月 13 日最后访问。

签约仪式暨联合巡湖活动。在活动现场,双方共同签署了《关于建立健全水行政执法与检察公益诉讼协作机制的意见》。该意见共分指导思想、基本原则、协作重点领域、工作机制、保障措施 5 个部分。协作重点领域包括水利工程管理、河湖管理、水旱灾害防御,以及其他违反水法、防洪法、太湖流域管理条例等法律法规,导致国家利益或者社会公共利益受到侵害的水事违法行为。双方建立了日常联络、工作会商、执法司法联动、案件协办、信息共享、宣介培训等六大工作机制。双方明确专职部门和人员负责,研究制定阶段性工作计划,协调重点难点问题。[①]

3. 县级检察机关

2022 年 3 月 24 日,上海市金山区人民检察院与浙江省平湖市人民检察院召开"优化跨区划民事虚假诉讼监督协作机制 打造引领长三角法治一体化建设的毗邻共建示范品牌"主题视频会议。会上,双方会签《关于建立毗邻区民事虚假诉讼监督协作机制的意见》,形成线索双向移送、调查协助、联合办案、日常联络、智慧共享、远程听证、检察建议异地协作、联动调处、刑事检察跟进督促、联合发布案例等 10 项跨区划协作机制,全方位加强一体化协同联动,着力打造引领长三角法治一体化建设的毗邻共建示范品牌。依托协作机制,金山区人民检察院向平湖市人民检察院移送虚假诉讼案件 5 件,共同研判会商调查核实方案。[②]

---

① 《守护太湖美! 苏州市检察院携手共建水行政执法与公益诉讼协作机制》,载江苏检察网,http://www.jsjc.gov.cn/yaowen/202212/t20221214_1464692.shtml,2023 年 4 月 13 日最后访问。

② 《金山区检察院与平湖市检察院建立毗邻区民事虚假诉讼监督协作机制》,载上海市金山区人民检察院网,https://www.sh.jcy.gov.cn/jsjc/jjyw/gzdt/84492.jhtml,2023 年 4 月 13 日最后访问。

2022年5月27日下午,江苏省宿迁市泗洪县人民检察院、宿迁市泗洪县河长制办公室,安徽省明光市人民检察院、明光市全面推行河长制办公室、蚌埠市五河县人民检察院、蚌埠市五河县河长制办公室联合举行《关于建立淮河、怀洪新河跨区域生态环境保护公益诉讼协作机制的实施意见》"云会签"仪式。该实施意见有以下五大机制:信息共享、案件移送机制,联合巡查、专题调研机制,类案统一、规范尺度机制,生态修复、劳务代偿机制,联席联络、联合培训机制。[①]

2022年5月29日,上海市青浦区、江苏省苏州市吴江区、浙江省嘉兴市嘉善县三地检察机关联合召开线上长三角生态绿色一体化发展示范区未成年人检察保护联盟工作会议,正式建立全国首个跨区域未成年人检察保护联盟。为进一步增强长三角生态绿色一体化发展示范区未成年人检察保护工作合力,三地检察机关正式签署《关于建立长三角生态绿色一体化发展示范区未成年人检察保护联盟的若干意见》,立足未成年人刑事检察、民事检察、行政检察和公益诉讼检察职能,以最有利于未成年人、特殊优先保护、保密、相互配合为基本原则,明确建立信息通报、资源共享、安全保障、教育培训等4项机制,推动三地未成年人检察保护工作进入"超车道",真正实现三地未成年人检察保护"零壁垒"。[②]

2022年7月22日,青吴嘉检察一体化工作会议以线上"云会议"的形式召开,上海市青浦区人民检察院、江苏省苏州市吴江区人民检察院、浙江省嘉兴市嘉善县人民检察院的检察长、分管副检察长、相关

---

① 《两省三地六家协作,共护"两河"水域生态环境》,载安徽省人民检察院网,http://www.ah.jcy.gov.cn/jcyewu/gyssjc/202206/t20220606_3687395.shtml,2023年4月13日最后访问。

② 《长三角生态绿色一体化示范区未成年人检察保护联盟正式成立!》,载嘉善县人民检察院网,http://www.jiaxing.jcy.gov.cn/html/jsjcy/news/show-512.html,2023年4月13日最后访问。

业务部门同志参加会议。会上,三地分管副检察长分别就《长三角生态绿色一体化发展示范区检察机关关于部分常见罪名适用相对不起诉的意见》《长三角生态绿色一体化发展示范区关于建立食品药品安全严重失信者名单管理衔接机制的意见》和《关于加强长三角生态绿色一体化发展示范区跨区划检察公益诉讼协作的实施细则》3 份文件进行线上签约,相关业务部门同志对文件逐一进行解读。[①]

2022 年 9 月 8 日,长三角绿色生态一体化发展示范区的上海市青浦区、江苏省苏州市吴江区及浙江省嘉兴市嘉善县三地检察院与市场监督管理局,依据相关法律法规,制定了《食品药品安全严重失信者名单管理衔接机制的意见》,并明确了各方的职责分工。被列入严重失信者名单的,除按照规定将相关信息通过国家企业信用信息公示系统进行公示外,还可以通过主流新闻媒体及有关网站对外公布。[②]

2023 年 1 月 17 日,上海市闵行区人民检察院与浙江省平湖市人民检察院举行合作框架协议线上签约仪式,闵行区人民检察院、平湖市人民检察院共同签署《上海市闵行区人民检察院　浙江省平湖市人民检察院合作框架协议》。根据协议,两地检察院将按照长三角更高质量一体化发展和沿海高质量发展的工作要求,加强在服务大局、司法办案、信息共享、人才培养等方面的协作配合,促进理念、业务、队伍等方面共同提高。[③]

2022 年 10 月 28 日,上海市青浦区人民检察院、人民法院、市场监

---

① 《青吴嘉检察机关在线召开一体化工作会议｜长三角一体化》,载青浦检察公众号,https://mp. weixin. qq. com/s/3t9Hyf7JeZS821sUiUQYLg,2023 年 4 月 13 日最后访问。

② 《食品安全宣传周｜失信惩戒！长三角一体化示范区建立这个机制》,载上海检察公众号,https://mp. weixin. qq. com/s/KwjAtPp3CjsrS6SX6gB7ag,2023 年 4 月 13 日最后访问。

③ 《基层｜深入贯彻长三角一体化发展战略,看闵行检察与平湖检察这样做！》,载上海检察公众号,https://mp. weixin. qq. com/s/IzJBYYNYKP825hqVkvY—jA,2023 年 4 月 13 日最后访问。

督管理局召开知识产权全链条保护工作推进会。会上,3个部门联合发布了《知识产权保障进博十二条》,探索知识产权从业人员严重失信名单管理机制签订及接入中国国际进口博览会。接下来,将以此为契机,加强对知识产权案件重大敏感风险点的掌握和研判,确保依法规范办理相关案件,确保全面推进知识产权全链条保护方案落实、落细。①

2022年11月2日,上海市青浦区、江苏省苏州市吴江区、浙江省嘉兴市嘉善县三地检察机关与浙江省生态环境科学设计研究院经充分协商,达成战略合作协议。三地检察机关与浙江省生态环境科学设计研究院联合云会签《青吴嘉生态环境资源公益诉讼鉴定评估服务保障战略合作框架协议》。该协议提出,示范区三地检察机关在生态环境资源公益诉讼案件中开展先鉴定后付费、快速响应、小微案件费用减免、专家服务团互动,以及"优""先"服务机制等,在前期共建联合生态修复基地基础上,为进一步构建示范区途径畅通、技术规范、保障有力、赔偿到位、修复有效的生态环境损害赔偿修复制度提供强有力的技术支持和智慧借助。②

(三)长三角法治发展中的监察机关协作

2022年6月17日,江苏省苏州市吴江区纪委、区监委和浙江省嘉善县纪委、县监委组成联合督查组,针对示范区三周年嘉善片区党的

① 《【青浦】上海青浦:溯源助推知识产权全链条保护》,载上海市人民检察院第二分院网,https://www.sh.jcy.gov.cn/efjc/jcdt/xqdt/88753.jhtml,2023年4月13日最后访问。

② 《【重大决策部署】青吴嘉检察机关与浙江省环科院会签〈青吴嘉生态环境资源公益诉讼鉴定评估服务保障战略合作框架协议〉》,载苏州市吴江区人民检查院网,http://szwj.jsjc.gov.cn/tuijian/202211/t20221130_1462000.shtml,,2023年4月13日最后访问。

二十大项目开展协同监督。在随后召开的座谈会上,两地纪检监察机关根据前期签订的《"青吴嘉"一体化示范区纪检监察工作协作备忘录》相关要求,就深入推进跨区域联动监督、协同监督工作进行交流,讨论确定今年度联动监督、协同监督的重点内容、主要方式及相关工作要求。重大项目协同监督是长三角绿色生态一体化发展示范区纪检监察工作交流协作的重要方式之一。①

2022 年 6 月 23 日,长三角地区纪检监察机关区域合作会议在上海市举行,会上签署了《关于建立长三角纪检监察工作协作机制的协议》。根据该协议,长三角三省一市纪检监察机关将通过建立协作机制,推动形成"平台共建、资源共享、业务共进、事项共议、风险共防"的区域一体化工作格局,努力打造推动纪检监察工作高质量发展的区域协作样板。②

2022 年 8 月 18 日,浙江省嘉兴市嘉善县、江苏省苏州市吴江区、上海市青浦区三地纪委监委联合公安、综合行政执法、交通运输等部门开展集中巡河行动。当日,三地纪检监察机关还签订了《关于进一步加强青吴嘉长三角一体化发展示范区纪检监察机关执纪执法协作的工作机制(试行)》,依托该协作机制,三地将围绕跨界渣土违法倾倒治理等问题通力协作,共谋监督执纪问责新路径。此前,上海市、江苏省、浙江省、安徽省等地纪委监委就研究制订了包括监督工作协同推进、执纪执法工作协作、重要敏感舆情联合处置、纪检监察体制改革合

---

① 《吴江嘉善两地纪检监察机关开展协同监督》,载中共嘉善县委　嘉善县人民政府网,ht-tp://www.jiashan.gov.cn/art/2022/7/28/art_1229503325_4958802.html,2023 年 4 月 13 日最后访问。

② 《长三角地区纪检监察机关区域合作会议在上海举行》,载安徽纪检监察网,http://m.ah-sjw.cms.anhuinews.com/p/94783.html,2023 年 4 月 13 日最后访问。

作、纪检监察干部队伍建设协作等方面的长三角纪检监察工作协作机制。①

2022年12月23日,嘉兴市委九届二次全会审议通过了《中共嘉兴市委关于打造长三角城市群重要中心城市的实施意见》。此外,嘉兴市纪委监委指导嘉善县、平湖市与上海金山区三地纪委监委制定《金嘉平纪检监察工作协作项目方案》,细化协作监督事项清单;指导嘉善县纪委监委联合上海市青浦区纪委监委、江苏省苏州市吴江区纪委监委共同制定加强执纪执法协作工作的试行办法,建立执纪执法日常联系、专题会商及案件查办调查取证协作机制,重点围绕跨省人员和机构的基本信息、银行流水、金融财产、房产等数据信息开展协作查询。②

---

① 《强化制度协同 激发监督动能 浙江纪检监察机关监督保障长三角一体化高质量发展》,载中共浙江省纪律检察委员会 浙江省监察委员会网,http://www.zjsjw.gov.cn/toutiao/202209/t20220925_7028961.shtml,2023年4月13日最后访问。

② 《嘉兴:打造长三角纪检监察区域协作样板》,载中共浙江省纪律检察委员会 浙江省监察委员会网,http://www.zjsjw.gov.cn/yixiankuaixun/202212/t20221230_7962013.shtml,2023年4月13日最后访问。

六、长三角法治一体化发展中的
法治教育与法学研究

(一)法治教育

宣城市作为安徽省唯一试点地区,被司法部、全国普法办公室选为全国公民法治素养提升行动 8 个试点地区之一,承担开展国家工作人员法治素养提升行动试点任务。宣城市在召开国家工作人员法治素养提升行动试点工作动员部署会时强调,充分认识此项试点工作的重要性,将其作为全市法治宣传教育守正创新、提质增效的重要抓手,以国家工作人员的法治素养提升,带动全民法治素养提升,形成全民参与法治的良好氛围。勇于先行先试、突出示范引领、强化组织实施、加强过程管控,坚决打赢试点工作的持久战,为加快建设长三角一体化中心区现代化城市提供有力的法治保障。[①]

江苏省昆山市制定《关于促进"星期天先锋"参与社会治理的实施意见》,探索建立"1+1+1+N"自治模式,由 1 名村(社区)法律明白人(基层党员干部)联系 1 名积极性高的"星期天先锋",结对 1 名普通

---

① 《宣城市部署开展国家工作人员法治素养提升行动》,载安徽省司法厅网,https://sft.ah. gov.cn/ztzl/wmcj/cjhd/56356071.html,2023 年 4 月 13 日最后访问。

"潮汐式"人员,带动 N 名居民群众。细致梳理社会治理日常事务,形成党建引领、基层治理、法治宣传、教育引导、矛盾调解、环境卫生等六大类主项目,引导"星期天先锋"认岗领责。建立完善社区联系机制,定期开展居民联系走访,建立协商议事会制度,集中化解社区治理热点难点问题。积极强化激励宣传,评选表彰"星期天先锋"10 人、先锋工作室 10 个,有序引导 5000 余名"星期天先锋"积极参与普法宣传、志愿服务、社区治理、疫情防控等工作,切实将制度优势转化为社会治理效能。①

2022 年 5 月 26 日,安徽省法学会举办干部线上培训班,传达了中国法学会举办地方法学会培训会议精神。合肥市、蚌埠市、马鞍山市、安庆市 4 个城市围绕贯彻落实中央和省委关于进一步加强法学会建设的文件精神和推进首席法律咨询专家制度等工作开展情况进行交流发言。培训班对下一步重点工作做了部署和安排,强调各市、县(市、区)法学会要配合做好省法学会换届、课题研究、首席法律咨询专家制度、长三角法学论坛和中部崛起法治论坛、涉外法律服务、融媒体和平安建设等工作,充分发挥法学会的桥梁纽带作用,进一步彰显群团组织的活力和价值。②

2022 年 6 月 23 日,浙江省舟山市法学会在普陀区社会治理中心举办首席法律咨询专家"法助共富、法护平安"普陀专场暨"法学专家基层行"活动。由浙江海洋大学经济与管理学院院长、浙江国际海运学院两位舟山市法学会首席法律咨询专家和舟山市中级人民法院法官组成的

---

① 《昆山"星期天先锋"破解长三角省际毗邻区域治理难题》,载江苏省司法厅　江苏政府法制网,http://sft.jiangsu.gov.cn/art/2022/3/29/art_48526_10394456.html,2023 年 4 月 13 日最后访问。

② 《安徽省法学会干部线上培训班如期举办》,载中国法学会网,https://www.chinalaw.org.cn/portal/article/index/id/30830/cid/24.html,2023 年 4 月 13 日最后访问。

专家小组,围绕诉调对接线上调处的民商事纠纷和疑难复杂物业纠纷等案件的处理重点、难点开展释疑解惑。区委政法委、区信访局、区人民法院、区人民检察院、区公安分局、区司法局、区住建局、区社会治理中心等单位代表针对案件具体情况,充分发表意见和建议。①

2022 年 6 月 28 日,中共温州市委组织部、中共温州市委政法委、温州市法学会联合举办"法治素养提升"第一次专题讲座。"法治素养提升"专题讲座是全市领导干部法治建设"每周一课"制度的重要内容,共12 期,以视频形式在各地开展。市、县两级分管平安法治、综合执法、征地拆迁等工作的领导干部和镇街全体班子成员、基层站所负责人参加学习交流。温州市中级人民法院院长结合工作实际,围绕法治思维、系统观念、强基导向开办了首场辅导讲座。市、县(市、区)、乡镇(街道)会场共 4600 余人参加,"亲清政商云学堂"线上点击率达 6.5 万多人次。②

2022 年 7 月 7 日,杭州市法学会、杭州市总工会和杭州市普法办公室联合开展"喜迎二十大 奋进共富路"送法进工地法律宣传活动启动仪式。杭州市总工会党组成员、市法学会党组成员、市司法局普法与依法治理处处长等领导参加。杭州市法学会、市总工会和市普法办公室的领导亲切慰问了民工朋友们,送上清凉慰问品,并向民工代表赠送《习近平法治思想学习纲要》《保障农民工工资支付条例》等书籍。在活动现场,杭州市法律宣讲团专家还为工人们上了一堂生动形象的法律宣讲课。③

---

① 《舟山市举办首席法律咨询专家"法助共富、法护平安"普陀专场活动》,载中共法学会网,https://www.chinalaw.org.cn/portal/article/index/id/31107/cid/24.html,2023 年 4 月 13 日最后访问。

② 《温州市举办"法治素养提升"第一次专题讲座》,载中国法学会网,https://www.chinalaw.org.cn/portal/article/index/id/31108/cid/24.html,2023 年 4 月 13 日最后访问。

③ 《杭州市开展送法进工地法律宣传活动》,载浙江省法学会网,https://www.chinalaw.org.cn/portal/article/index/id/31277/cid/24.html,2023 年 4 月 13 日最后访问。

2022年8月12日,江苏省常州市举行长江大保护法治宣传教育馆开放仪式,江苏省司法厅党委委员、常州市政协副主席共同为该馆揭牌。该馆以习近平生态文明思想、习近平法治思想为指导,深入贯彻落实习近平总书记关于长江大保护系列重要讲话精神,以宣传贯彻《中华人民共和国长江保护法》为使命,是全国首家以长江大保护为主题的法治宣传教育展馆。该馆通过对中华民族依法治水历程展示、长江保护法出台背景和重点内容解读、相关部门职能介绍和执法成效、执法案例解析,宣传依法治江、护江和绿色发展理念,是展现常州市将法治宣传教育工作融合于立法、执法、司法和法律服务全过程各环节的全新阵地。①

2022年12月1日,在12月4日第九个国家宪法日、第二个"宪法与浙江"主题宣传月到来之际,"携手长三角 法治助共富"主题普法活动暨全省市场监管系统宪法宣传月启动仪式在浙江省嘉善县举行。此次活动由浙江省普法办公室指导,浙江省市场监督管理局主办,上海市、江苏省、安徽省三省一市市场监督管理局协办,嘉兴市司法局、嘉兴市市场监督管理局、嘉善县人民政府承办。现场,上海市、江苏省、浙江省、安徽省三省一市市场监管部门签署《法治赋能区域发展一体化 聚力建设共同富裕示范区 长三角市场监管法治合作备忘录》,明确在推进"法助共富、法护平安"行动、助推助企纾困解难行动和推动法治市场监管建设等方面开展合作,夯实长三角市场监管法治建设基础,助力长三角市场体系一体化发展和区域共同富裕。②

---

① 《常州市建成全国首家长江大保护主题法治宣传教育馆》,载江苏省司法厅 江苏政府法制网,http://sft.jiangsu.gov.cn/art/2022/8/15/art_48525_10575709.html,2023年4月13日最后访问。

② 《浙江省"携手长三角 法治助共富"主题普法活动在嘉善举行》,载嘉兴市司法局(行政复议局)网,http://sfj.jiaxing.gov.cn/art/2022/12/5/art_1229633226_58925619.html,2023年4月13日最后访问。

2022 年 12 月 5 日,上海市启动第三十四届宪法宣传周活动,青浦区崇德尚法文化馆正式落成。青浦区金泽镇是新中国宪法学奠基人之一许崇德的家乡。建于金泽镇的上海市青浦区崇德尚法文化馆围绕"前言""源·德法相依""汇·法治体系""泽·法治宣言""文化驿站"5 个板块,全面融入宪法元素,全方位展现了新时代法治中国、中国特色社会主义法治体系、长三角法治文化,以及许崇德先生人物生平等内容,旨在弘扬宪法文化,推进长三角生态绿色一体化发展示范区法治文化建设。该馆成为上海宪法宣传教育活动的又一重要阵地。①

(二)法学研究

2022 年 8 月 19 日,第十二届海峡两岸法学院校长论坛在浙江省杭州市举办。本届会议由浙江工商大学主办,主题为"新时代两岸法学教育的融合模式"。论坛通过对两岸交往中的法律问题、法学学术、法学教育等议题进行研讨,助推两岸法学教育交流合作。论坛中,台湾中正大学法学院院长提出希望两岸可以在法学院校师生交流、法学院校互动、专业法学会交流、交流团体交流等方面助力法学教育的进一步融合。希望未来继续秉持"两岸一家亲"的理念加强法学教育的交流互动。海峡两岸法学院校长论坛在推动两岸法学教育交流合作、提高两岸法学教育品质方面发挥了重要作用,现已成为具有重要影响力的两岸教育交流品牌活动。论坛面向全国法学院校。长三角院校积极参与,进一

---

① 《上海宪法宣传周组织主题活动 200 多场》,载中华人民共和国司法部网,http://www.moj. gov. cn/pub/sfbgw/fzgz/fzgzggflfwx/fzgzpfyyfzl/202212/t20221208_468903. html,2023 年 4 月 13 日最后访问。

步促进了长三角法治一体化在法学研究领域的繁荣和发展。①

2022 年 9 月 24 日，第五届长三角竞争法论坛在安徽省合肥市隆重召开。长三角竞争法论坛创建于 2017 年 9 月，由上海市法学会竞争法学研究会、浙江省法学会竞争法学研究会、江苏省法学会经济法学研究会、安徽省法学会经济法学研究会共同发起创建。2022 年的论坛由沪、浙、苏、皖三省一市发起单位共同主办，采用线上、线下相结合的方式举办。与会者围绕"数字时代竞争法的最新发展"这一主题，针对"数字时代中国反垄断法的最新进展""数字经济时代竞争法面临的挑战：中国最新进展""数字经济时代反垄断法及相关领域：欧盟及德国的最新进展""数字经济时代长三角竞争执法与合作"等内容展开深入交流和探讨。②

2022 年 10 月 29 日，由上海市法学会环境和资源保护法研究会、复旦大学法学院、上海环境能源交易所共同主办，复旦大学环境资源与能源法研究中心、上海大学环境资源法研究中心承办的"实现'双碳'目标法治保障研讨会暨上海市法学会环境和资源保护法研究会 2022 年年会"在上海市顺利举办。本次研讨会参会人员主要来自法院、检察院、环交所、高校等单位，讨论重点集中在碳交易制度的法治保障。实现"双碳"法治保障在未来还有许多可以讨论的议题，比如制度和技术的协同、节能与降碳的协同等，只有利用碳普惠等制度来激发社会公众积极参与其中，实现"双碳"目标才会有良好坚定的社会基础。③

---

① 《第十二届海峡两岸法学院校长论坛在杭州举办》，载浙江工商大学法学院网，http://law.zjgsu.edu.cn/View-2096.html，2023 年 4 月 13 日最后访问。

② 《第五届长三角竞争法论坛在安徽合肥召开》，载浙江省法学会网，http://www.zjfxh.com/news.html? id=3186，2023 年 4 月 13 日最后访问。

③ 《实现"双碳"目标法治保障研讨会暨上海市法学会环境和资源保护法研究会 2022 年年会在沪成功举办》，载长三角生态法治公众号，https://mp.weixin.qq.com/s/kzWsR_BiTYvqGvm-LZxK-Ig，2023 年 4 月 13 日最后访问。

2022 年 11 月 26 日,长三角一体化法治论坛"数字法治的理论与实践"在华东师范大学举办。来自全国人大常委会法工委经济法室,国家信息中心,中国人民银行征信中心,上海市人大法制委、常委会法工委,江苏省人大法制委、常委会法工委,浙江省人大法制委、常委会法工委,安徽省人大法制委、常委会法工委,深圳市人大法制委、常委会法工委等政府有关部门及相关单位,部分高校科研机构专家学者参与发言和研讨。此次论坛对数字法治当中的一些法律问题进行深入研究,积极贯彻了党中央的要求和党的二十大精神。此次论坛深入探讨法治如何服务数字经济,更好地为数字经济发展做出贡献[①]。

2022 年 12 月 12 日,在长三角区域生态环境保护协作小组办公室指导下,由三省一市生态环境厅(局)主办,长三角区域生态环境联合研究中心和安徽省生态环境研究院承办的第四届绿色长三角论坛以视频形式召开。本届论坛以"湖库富营养化控制和流域系统治理"为主题,探索新形势下长三角区域山水林田湖草沙系统治理、人与自然和谐共生的现代化建设实践。论坛邀请了中科院南京地理及湖泊研究所、浙江大学、上海海洋大学、中国环境科学研究院及长三角三省一市环科院的专家学者,围绕太湖、巢湖生态修复策略与技术、流域水环境智慧管控、平原河网水质改善与健康重建等议题作报告,协同探索生态修复新技术和协同治理新机制[②]。

---

① 《凯原法学院杨力教授出席长三角一体化法治论坛并发言》,载上海交通大学·新闻学术网,https://news.sjtu.edu.cn/zhxw/20221205/177345.html,2023 年 4 月 13 日最后访问。

② 《第四届绿色长三角论坛暨长三角区域生态环境联合研究中心第四次全体大会顺利召开》,载长三角生态法治公众号,https://mp.weixin.qq.com/s/6y7-IHP33xV6QFFP7-ZmcQ,2023 年 4 月 13 日最后访问。

七、长三角法治一体化发展的若干短板与解决方案

（一）长三角法治一体化发展的若干短板

2022 年长三角一体化发展的重点领域分布在优化营商环境、数字经济、区域公共资源一体化发展、科技创新共同体建设、共同富裕示范区建设、长江保护修复、跨界水体共治、区域协同减污降碳、革命老区重点城市对口合作等领域。其中以优化营商环境、发展数字经济、促进共同富裕、跨界水体共治及实现碳达峰、碳中和等领域尤为重要。这些领域面临的相应法治问题也亟待人们关注。

1. 营商环境法治问题

政府对资源要素配置权的高度集中，可能会导致地方竞争和地方保护，会不利于营造良好的营商环境。有学者指出，长三角地区是我国经济发展最活跃、开放程度最高、创新能力最强的区域之一，但也正日益面临资源要素约束的紧张局面。在此背景下，地方政府推动经济发展所需要的资源要素的配置权掌握在中央手里。在资源要素约束的环境下，地方政府通过制度创新向中央争取资源要素以扩展区域发

展的空间和公共资源,营造本地经济发展的有利环境。在长三角区域内的具体表现就是上海市争取到了现代化引领区建设,浙江省争取到了共同富裕示范区建设,安徽省争取革命老区结对帮扶等政策,等等。而一个地区如果能设立或者获得某项改革的先行试点区或者特别建设权,相应的资源要素紧张的情况就会得到明显的改善,地方政府可以更多地发挥地方自主性。因此,对先行改革试点等优惠政策资源的争取成为地方政府获取公共资源的重要内容。而中央政府通过这样有选择地对地方政府进行资源要素的倾斜政策,加强了对地方政府和区域经济发展的调控力度。虽然先行试点等各种优惠政策的配置对促进中国经济社会的发展起到非常重要的作用,但各地区对中央优惠政策的争取也不可避免地带来了重复建设和产业同构等问题。① 同时,地方政府向上申请特殊待遇过程中有时会带来很高的交易成本,也损害了市场机制在配置资源中的基础性作用,带来了不公平的竞争后果,损害了营商环境。②

2.数字经济与共同富裕的法治问题

数字技术在赋能经济社会发展、促进共同富裕的同时,也容易导致新的不公平问题。随着互联网、大数据、云计算、人工智能等信息技术的飞速发展,长三角、中国乃至全世界都逐步进入数字时代,数字技术的广泛应用将会全面带动国家治理模式、企业生产样态和个人生活方式的改变,数字赋能在加速各类市场要素有序流动、各类市场主体

---

① 马斌.央地关系一体化下的地方政府创新与区域发展[J].浙江社会科学,2013(3):63-69,79,156-157.

② 马斌.央地关系一体化下的地方政府创新与区域发展[J].浙江社会科学,2013(3):63-69,79,156-157.

深度融合，助力产业转型升级的同时，还将突破地区限制、延伸产业链条，打通国内外经济循环，甚至产生跨界、跨国发展的"数字红利"，这样一来，数字经济带动了整体经济的发展，对共同富裕大有裨益。然而，数字化发展在为推进共同富裕创造良好基础条件的过程中，也可能制造新的发展不平衡和社会不公，侵蚀共同富裕的基础。例如，数字技术尽管可以大大地增加社会财富的积累总量，但也会加剧社会资源和财富向少数人集中，滋生垄断和不公平竞争。同时，不同主体拥有、掌握、积累数据生产要素的能力悬殊，有可能造成不同群体在相应收益方面分配不公。这样的数字化发展问题在实践中已经开始逐步显现，集中表现在 3 个方面。第一，数字鸿沟。这主要是不同人群之间的"数字鸿沟"问题，如大量老年人逐渐在数字化发展中被忽视和边缘化，最终沦为"信息孤岛"。同时数字化转型增加了对高技能人才的需求，大量低技能人口的工作可能被人工智能所代替，这部分人群的收入会严重减少，形成新的贫富分化问题。第二，寡头垄断。表现为在资本无序扩张之下，大型互联网平台无法得到有效管制，滥用市场支配地位，阻碍创新，其他主体无法与其处于平等地位，损害营商环境，带来严重的社会不公平问题。第三，区域之间和城乡之间的差距。主要表现为城乡之间、东部沿海地区和中西部偏远地区之间在数字基础设施、数字技术接入、数字技术运用方面的差异。目前数字经济和因数字经济而产生的高新技术企业、现代服务业布局总体上呈现"南强北弱、东强西弱"的区域不平衡特征。而且数字经济行业的发展速度远远超过传统产业，其规模效应、平台效应及产业循环效应使得数字化转型滞后的行业、城市、乡村很难得到发展，地区、行业和群体之间的初次分配差距可能继续扩大。①

3.跨界水体共治的法治问题

尽管目前长三角各地政府间围绕水环境广泛展开长江保护修复、重点海域综合治理、太湖流域水环境综合治理等跨区域合作,但对水生态产品价值实现机制缺乏深入的、全面的合作。生态产品价值实现是我国政府针对新时期面临的问题提出的一项创新性的战略性举措,在世界范围内尚未形成成熟的、可复制推广的经验和方法。党的十八大以来,习近平总书记提出"绿水青山就是金山银山"的发展思想,并陆续选择有条件的地方进行生态产品价值实现机制试点。"水生态产品"作为一种重要的生态产品,对保护水生态系统、提升水生态系统服务,增进公众水生态福祉具有重要意义。长三角区域地势低平、湖泊众多、河网密布,其中仅太湖流域总面积 3650 平方千米,水域面积达3159 平方千米,丰富的水资源为产生"水生态产品"创造了良好的物质环境,但由于生态产品是新生事物,建立健全生态产品价值实现机制面临着不少的挑战。目前,长三角三省一市政府间尚未围绕水生态产品的价值核算体系、指标体系、评估方法、数据来源、统计口径等技术性问题达成共识,也未就市场主体培育、建立生态产品的度量、抵押、交易、变现等市场交易机制展开系统性研究和合作,可度量的生态产品价值应用和消纳场景仍较匮乏。目前长三角三省一市政府间围绕水环境展开长江保护修复、重点海域综合治理、太湖流域水环境综合治理等跨区域合作,可以提高公众生态保护意识,提升生态修复能

---

① 赵勇.数字时代推进共同富裕的法治完善[J].湖北大学学报(哲学社会科学版),2022,49(2):13-20.

力,一定程度上对建立健全生态产品价值实现机制具有重要的基础性和辅助性作用。但这些合作并不是针对生态产品问题展开的,其中部分合作文件中对建立健全生态产品价值实现机制合作仅有原则性规定,不具有可操作性。鉴于生态产品的复杂性,亟须就生态产品问题展开全面的、深入的、细致的合作。

4.碳达峰、碳中和法律制度的缺位

近年来,减污降碳、应对气候变化工作被作为国家经济社会发展的重大战略之一,备受重视。2022 年 6 月,生态环境部印发《国家重大战略和区域战略生态环境保护 2022 年工作要点》,要求在长三角区域积极推进减污降碳协同增效工作。2022 年 6 月 7 日,生态环境部联合发展改革委等 17 个部门印发了《国家适应气候变化战略 2035》①,实施积极应对气候变化的国家战略,扎实开展碳达峰、碳中和工作。2022 年 12 月 12 日,浙江省生态环境厅等 7 个部门联合印发《浙江省减污降碳协同创新区建设实施方案》,推动在多层面、多领域实现减污降碳协同增效。2021 年 9 月,生态环境部印发《碳监测评估试点工作方案》,选取上海市、杭州市等城市开展城市温室气体及海洋碳汇监测试点。② 尽管这些规范性文件对如何应对气候变化提供了具体的实践方案和办法,并具有重要的意义和价值,但其中大多数文件属于政策性文件,不具有稳定性。即使少数文件涉及法律,也因位阶效力太低

---

① 《关于印发〈国家适应气候变化战略 2035〉的通知》,载中华人民共和国生态环境部网,https://www.mee.gov.cn/xxgk2018/xxgk/xxgk03/202206/t20220613_985261.html,2023 年 4 月 13 日最后访问。

② 《区域重大战略生态环境保护⑤·长三角一体化发展篇》,载中华人民共和国生态环境部网,https://www.mee.gov.cn/ywgz/zcghtjdd/sthjzc/202211/t20221121_1005506.shtml,2023 年 4 月 13 日最后访问。

而无法形成有效的威慑力。事实上,目前我国还没有气候变化方面的专门法律规范,温室气体控制的法律规范散见于各种法律规范中。在限制排放方面,《中华人民共和国大气污染防治法》规定实施大气污染和温室气体的协同控制,但并未将所有类型的温室气体纳入控制范围。在温室气体的控制和吸收方面,通过《中华人民共和国草原法》和《中华人民共和国森林法》对森林草原等生态系统进行保护从而吸收温室气体。在改变能源结构、提升能源效率方面,相关规范基本存在于《中华人民共和国矿产资源法》《中华人民共和国节约能源法》《中华人民共和国可再生能源法》《中华人民共和国循环经济促进法》《中华人民共和国清洁生产促进法》等法律规范中。在形式上呈现出分散式立法的同时,上述相关法律规范在实质上也未能充分落实气候变化应对的价值诉求和规制目标。分散化、碎片化的法律规范导致多种制度各自为战、难以形成气候变化减缓的系统性合力,影响了法律实施的效益,徒增社会治理成本,无法为长三角碳达峰、碳中和目标的实现提供充分的法治保障和方向指引。①

(二)相应的解决方案

1. 建立更为公平的市场化的资源要素配置机制

有学者认为,要素市场化改革一直是我国由计划经济体制向市场经济体制转轨过程中的薄弱环节,其市场化程度远远低于商品市场,

---

① 徐以祥,刘继琛.论碳达峰碳中和的法律制度构建[J].中国地质大学学报(社会科学版),2022,22(3):20-31.

政府和大型国企拥有大量廉价的生产要素。深化我国市场经济体制改革,必须提高市场配置资源的效率,根本途径是要打破垄断局面,形成产品和生产要素的自由流动机制。因此,要加快土地产权制度改革,逐步开放地方金融市场,完善和加强反垄断的立法,打破行政垄断。要重点培育和扶持要素市场的发展和完善,加强劳动、资本、技术、信息等市场制度建设,加快资源要素价格的市场形成机制。按照建立统一、开放、公平、竞争的国内市场要求,大力整顿市场秩序,打破地区封锁、部门垄断的局面,促进国内统一大市场的形成。[①]

2. 推进数字经济法律规范体系建设

法治既是共同富裕的重要内容和目标,又是共同富裕的制度动力和根本保障。数字时代为推进共同富裕提供法治保障,既要总结既往的宝贵经验,又要在数字化转型中准确识变、科学应变、主动求变,创新实现共同富裕的体制机制,进一步夯实推进共同富裕的法治基础。首先,应当加强反垄断立法,加快修订《中华人民共和国反垄断法》,增设对互联网经营者市场支配地位进行规范认定的规定,提高对相关违法行为的处罚额上限,防止资本无序扩张,为数字经济的有序发展营造公平竞争的市场环境。其次,加强弥补"数字鸿沟"的立法。我国目前虽然已经逐步认识到"数字鸿沟"问题,但在立法领域仍然缺少有针对性的举措,仅是在《中华人民共和国老年人权益保障法》《中华人民共和国残疾人保障法》《中华人民共和国政府信息公开条例》《中华人民共和国无障碍环境建设条例》《中华人民共和国电子商务法》《中华人民共和

---

① 马斌.央地关系一体化下的地方政府创新与区域发展[J].浙江社会科学,2013(3):63-69,79,156-157.

国电信条例》及《中华人民共和国网络安全法》等立法中略有涉及。实践中,虽然有地方层面的立法直接对"数字鸿沟"问题进行了规定,但是面对区域鸿沟、年龄鸿沟和城乡鸿沟相互交织的状况,还需要从国家层面加强统一立法,对弥补"数字鸿沟"做出系统性的规定。最后,要加强数字经济税收立法。利用税收来促进和实现数字经济税收利益的公平分配,调节贫富差距,防止财富过于集中。①

3. 建立健全水生态产品价值实现机制的跨区域合作机制

鉴于水生态产品的复杂性,长三角亟须就水生态产品问题开展全面的、深入的、细致的合作。建议应当就以下 3 个方面开展合作。第一,开展水生态产品普查。明确水生态产品监测指标,建立水生态产品定期普查制度,了解长三角不同类型水生态产品的分布和变化特征。第二,就不同类型水生态产品价值衡量尺度和标准很难统一的现实问题,根据政府补偿、市场交易等不同目标导向提出相符合的产品价值核算方法。第三,对水生态产品价值核算、审计、保护补偿与损害赔偿等涉及的责任主体、义务权利、赔偿标准等做出明确规定。建立由第三方专业机构负责的水生态产品价值评估和监督制度,设计和完善由政府、企业、个人等利益相关方普遍参与的水生态保护补偿与损害赔偿协商制度,并做好与现有的河(湖)长制的顺畅衔接。②

4. 构建应对气候变化的法律规则

碳达峰、碳中和相关法律规范的制度性困境表明,现行的法律规

---

① 赵勇. 数字时代推进共同富裕的法治完善[J]. 湖北大学学报(哲学社会科学版),2022,49(2):13-20.
② 王建华,贾玲,刘欢,等. 水生态产品内涵及其价值解析研究[J]. 环境保护,2020,48(14):37-41.

范和法学研究已落后于社会实践和相关学科的研究进展。在碳达峰、碳中和目标已经确定的前提下,法律规则的制定和出台是最为紧迫、最为重要的要求。有学者认为,法律制度的规制目标和路径,是碳达峰、碳中和目标为环境法律提出的现实需求,亦是相关学科为法律制度构建提供的实践经验。在此基础上,结合我国现有的国家治理框架与法律制度样态,可以提炼得出碳达峰、碳中和法律制度的应然内容架构。完整协调的碳达峰、碳中和法律制度应包括:

①制定起主导作用的气候变化减缓规划制度。从国家治理现代化的时代背景来看,构建气候变化减缓规划制度的首要原则,是科学定位政府在气候变化减缓中所应扮演的角色。在这一社会治理转型的大背景下,气候变化减缓的规划制度要始终遵循市场在资源配置中占主导地位的要求,警惕行政权力假借规划制度过度干预市场经济活动。

②以库保护实现源控制的温室气体库管理制度。鉴于自然界的温室气体库一般以各类生态系统的形式存在,所以在我国现行的法律制度体系中,温室气体库管理制度应当隶属于生态保护的法律规范体系。

③以减排实现源控制的温室气体排放控制制度。科学的温室气体排放控制制度应当包括大气污染物与温室气体协同控制机制,以及温室气体排放税和排放交易制度。

④以替代实现源控制的低碳发展促进制度。除了温室气体排放的末端治理,促进各类产品、技术和生产生活方式朝着温室气体排放更少、能源利用效率更高的方向发展,是实现温室气体来源控制更为关键的路径。

⑤以封存和循环实现汇增长的碳汇制度。[①]

---

① 徐以祥,刘继琛.论碳达峰碳中和的法律制度构建[J].中国地质大学学报(社会科学版),2022,22(3):20-31.